U0563939

A

CONCISE INTRODUCTION

TO

MARXIST
THEORY

马克思主义理论

★ ★ ★ 简明读本 ★ ★ ★

武汉理工大学马克思主义学院／编

社会科学文献出版社
SOCIAL SCIENCES ACADEMIC PRESS (CHINA)

目　录

c o n t e n t s

第一编　马克思主义基本原理

1848 年 2 月《共产党宣言》的发表标志着马克思主义的公开问世。马克思主义诞生于 19 世纪，却没有停留于 19 世纪；它产生于欧洲，却跨越欧洲影响了全世界，显示出巨大的生命力。

一　马克思主义是关于无产阶级和人类解放的科学

马克思主义的产生实现了人类认识史上划时代的伟大变革，在人类思想史上树起了不朽的丰碑。

（一）马克思主义和马克思主义基本原理

1. 马克思主义

概括地说，马克思主义是由马克思、恩格斯创立的，为他们的后继者所发展的，以批判资本主义、建设社会主义和实现共产主义为目标的科学理论体系，是关于无产阶级和人类解放的科学。从它的创造者、继承者的认识成果来讲，马克思主义是由马克思、恩格斯创立，而由其后各个时代、各个民族的马克思主义者不断丰富和发展的观点和学说的体系；从阶级属性来讲，马克思主义是关于无产阶级斗争的性质、目的和解放条件的学说，是无产阶级争取自身解放和整个人类解放的科学理论；从研究对象和主要内容来讲，马克思主义是无产阶级的科学世界观和方法论，是关于自然、社会和人类思维发展的一般规律的学说，是关于资本主义发展及其转变为社会主义以及社会主义和共产主义发展规律的学说。马克思主义包括马克思主义哲学、马克思主义政治经济学和科学社会主义三个基本组成部分。

2. 马克思主义基本原理

马克思主义基本原理是马克思主义理论体系的核心内容，是对马克思主义立场、观点和方法的集中概括。马克思主义的基本立场是马克思主义观察、分析和解决问题的根本立足点和出发点，这就是始终站在无产阶级和人民大众的立场上，一切为了人民，一切依靠人民，全心全意为人民谋利益。马克思主义的基本观点是关于自然、社会和人类思维发展一般规律的科学认识，是对人类思想成果和社会实践经验的科学总结，主要包括：关于世界统一于物质、物质和意识辩证关系的观点，关于事物矛盾运动的观点，关于实践和认识辩证关系的观点，关于社会存在和社会意识辩证关系的观点，关于人类社会发展规律的观点，关于阶级和阶级斗争的观点，关于人民群众创造历史的观点，关于人的全面发展和社会全面进步的观点，关于商品经济和社会化大生产一般规律的观点，关于劳动价值论、剩余价值论和资本主义生产方式本质的观点，关于社会主义必然代替资本主义的观点，关于社会主义革命和无产阶级专政的观点，关于无产阶级政党建设的观点，关于社会主义基本原则和建设规律的观点，关于共产主义社会基本特征和共产主义远大理想的观点，等等。马克思主义的基本方法，是建立在辩证唯物主义和历史唯物主义世界观和方法论基础上的指导我们正确认识世界和改造世界的思想方法与工作方法，主要包括实事求是的方法、辩证分析的方法、社会基本矛盾分析的方法、历史分析的方法、阶级分析的方法、群众路线的方法等。

（二）马克思主义的创立和发展

1. 马克思主义的创立

马克思主义的产生具有深刻的社会根源、阶级基础和思想渊源。19世纪40年代，科技进步和工业革命极大地提高了劳动生产率，促进了生产力的发展。资本主义生产方式一方面带来了社会化大生产的迅猛发展，另一方面又造成了深重的社会灾难，财富的增加却伴随着贫困的扩散，生产的发展却引起经济危机。科学地认识资本主义这个"怪物"以及人类的未来，成为时代的课题。无产阶级在反抗资产阶级剥削和压迫的斗争中逐步走向自觉，迫切需要总结和升华自身斗争经验，形成科学的革命理论以指导自身的解放斗争。19世纪的德国古典哲学、英国古典政治经济学和英法两国的空想社会主义等为马克思主义的创立提供了直接的理论来源，19世纪的三大科学发现，即能量守恒与转化定律、细胞学说和生物进化论，为马克思主义的产生提供了自然科学前提。马克思和恩格斯怀抱伟大理想，以自觉的历史担当迎接时代的挑战，成为新理论的创立者。

2. 马克思主义的发展

《共产党宣言》发表时，1848年欧洲革命开始爆发，马克思、恩格斯领导共产主义者同盟投身于这场规模巨大的资产阶级革命。革命失败后，他们总结 1848 年革命经验，丰富了无产阶级革命的理论。随后，马克思深入研究政治经济学，撰写了《资本论》手稿并出版第一卷，系统地阐述了剩余价值学说，揭示了资本主义生产关系的本质。1864 年 9 月国际工人协会（"第一国际"）成立，1871 年 3 月巴黎工人起义并成立巴黎公社，马克思撰写著名的《法兰西内战》，科学总结巴黎公社的历史经验，该书同随后写的《哥达纲领批判》一起，丰富了科学社会主义学说。1876 ~ 1878 年，恩格斯撰写《反杜林论》，全面阐述了马克思主义理论体系。马克思晚年在继续写作《资本论》的同时，还写了几百万字的人类学笔记和历史学笔记。1883 年 3 月 14 日马克思逝世后，恩格斯整理出版《资本论》第二、第三卷，并承担指导国际工人运动的重任，撰写了一系列著作，进一步发展了马克思主义理论。

19 世纪末 20 世纪初，科学技术的发展推动了生产规模的扩大，生产和资本日益集中并出现资本垄断，垄断组织的迅速发展加剧了资本主义各国之间经济政治的不平衡，自由资本主义进入垄断资本主义——帝国主义阶段。列宁深刻分析了 19 世纪末 20 世纪初世界历史条件的变化，科学剖析了资本主义发展到帝国主义阶段的新变化和新特点及其经济基础、深刻矛盾和统治危机，提出了社会主义革命可能在一国或数国首先发生并取得胜利的论断。列宁和布尔什维克党领导俄国工人阶级和革命人民夺取了十月社会主义革命的胜利，使科学社会主义从理论开始变为现实，开创了世界历史的新纪元。列宁在领导俄国革命和建设的过程中，将马克思主义基本原理与俄国实际相结合起来，创立了列宁主义，把马克思主义发展到新的历史阶段。

十月革命一声炮响，给中国送来了马克思主义。"十月革命帮助了全世界的也帮助了中国的先进分子，用无产阶级的宇宙观作为观察国家命运的工具，重新考虑自己的问题。"① 中国共产党把马克思列宁主义确立为指导思想，并坚持把马克思主义基本原理与中国具体实际结合起来，领导全国各族人民取得了革命、建设和改革的伟大胜利，在 90 多年的奋斗、创造、积累过程中，

---

① 《毛泽东选集》第 4 卷，人民出版社，1991，第 1471 页。

形成了毛泽东思想和中国特色社会主义理论体系两大理论成果。在改革开放和实现中华民族伟大复兴的新的历史条件下，习近平总书记系列重要讲话和治国理政新理念新思想新战略，开拓了马克思主义发展的新境界，是中国特色社会主义理论体系的最新成果，是指导当代中国伟大实践的最鲜活的马克思主义。

（三）马克思主义的鲜明特征

根植于实践基础上的科学性与革命性的统一，是马克思主义基本的和最鲜明的特征，它集中体现在马克思主义世界观和方法论、政治立场、理论品质和社会理想等方面。

辩证唯物主义与历史唯物主义是马克思主义的世界观和方法论，它从根本上揭示了自然、社会和人类思维发展的一般规律，给予无产阶级认识世界和改造世界锐利的思想武器。彻底而完备的唯物主义哲学特别是历史唯物主义的建立，为马克思主义理论体系奠定了科学的理论基础。

马克思主义政党最鲜明的政治立场，就是致力于实现无产阶级和广大人民群众的根本利益。"哲学把无产阶级当做自己的物质武器，同样，无产阶级也把哲学当做自己的精神武器。"① "马克思的哲学是完备的哲学唯物主义，它把伟大的认识工具给了人类，特别是给了工人阶级。"② 马克思主义就是无产阶级立场的理论表现，是无产阶级解放条件的理论概括。

马克思主义具有与时俱进的理论品质。坚持一切从实际出发，理论联系实际，实事求是，在实践中检验真理和发展真理，是马克思主义最重要的理论品质。这种与时俱进的理论品质，是近 170 年来马克思主义始终保持蓬勃生命力的关键所在。

马克思主义最崇高的社会理想，就是实现物质财富极大丰富、人们精神境界极大提高、每个人自由而全面发展的共产主义社会。实现共产主义是人类最伟大的事业。

二　马克思主义科学体系的理论基础

马克思、恩格斯在批判地继承和改造以往哲学的基

---

① 《马克思恩格斯文集》第 1 卷，人民出版社，2009，第 17 页。
② 《列宁专题文集：论马克思主义》，人民出版社，2009，第 68 页。

础上，创立了辩证唯物主义和历史唯物主义。辩证唯物主义和历史唯物主义是马克思主义科学体系的哲学基础。

（一）世界的物质性及发展规律

马克思主义哲学认为，世界统一于物质，事物的普遍联系和永恒发展具有客观的规律性，唯物辩证法是认识世界和改造世界的根本方法。

1. 世界的物质性

马克思主义认为，多样化的世界有统一的本原，这就是物质。不仅自然界是物质的，人类社会也具有物质性，世界的真正统一性在于它的物质性。

（1）哲学基本问题。从哲学上看，世界上的万事万物归结起来无非两大类现象——物质现象和精神现象；人类的一切活动归纳起来也无非两大类活动——认识世界和改造世界。这两大类现象和两大类活动，都不能不涉及存在和思维、物质和精神的关系问题。这两者的关系问题是人类认识世界和改造世界不可回避的最基本问题，也是哲学不可回避的基本问题。"全部哲学，特别是近代哲学的重大的基本问题，是思维和存在的关系问题。"① 哲学基本问题包括两个方面的内容。其一，存在和思维究竟谁是世界的本原，即物质和精神何者是第一性、何者是第二性的问题。对这个问题的回答是划分唯物主义和唯心主义的标准。其二，"我们关于我们周围世界的思想对这个世界本身的关系是怎样的？我们的思维能不能认识现实世界？我们能不能在我们关于现实世界的表象和概念中正确地反映现实？"② 对这一问题的回答是划分可知论和不可知论的标准。

（2）马克思主义的物质观。马克思批判了旧唯物主义对物质世界直观和消极的理解，强调从能动的实践出发来理解客观世界，指出："从前的一切唯物主义（包括费尔巴哈的唯物主义）的主要缺点是：对对象、现实、感性，只是从客体的或者直观的形式去理解，而不是把它们当做感性的人的活动，当做实践去理解，不是从主体方面去理解"③，这为唯物主义的发展指明了方向。恩格斯总结 19 世纪哲学和自然科学的成果，对物

---

① 《马克思恩格斯文集》第 4 卷，人民出版社，2009，第 277 页。

② 同上书，第 278 页。

③ 《马克思恩格斯文集》第 1 卷，人民出版社，2009，第 499 页。

质概念作了初步概括。20 世纪初，列宁对物质概念作了全面的科学的规定："物质是标志客观实在的哲学范畴，这种客观实在是人通过感觉感知的，它不依赖于我们的感觉而存在，为我们的感觉所复写、摄影、反映。"① 马克思主义的物质范畴从客观存在着的物质世界中抽象出万事万物的共同本质，即客观实在性，从物质与意识的对立统一关系中把物质理解为不依赖于人类的意识而存在并能为人类的意识所反映的客观实在，这就坚持了唯物主义一元论，同唯心主义一元论和二元论划清了界限；坚持了能动的反映论和可知论，批判了不可知论；体现了唯物论与辩证法的统一，克服了形而上学唯物主义的缺陷；体现了唯物主义自然观与唯物主义历史观的统一，为彻底的唯物主义奠定了理论基础。

（3）物质的根本属性和基本存在形式。物质的根本属性是运动，时间和空间是物质运动的存在形式。运动

---

① 《列宁专题文集：论辩证唯物主义和历史唯物主义》，人民出版社，2009，第35页。

是标志一切事物和现象的变化和过程的哲学范畴。"运动，就它被理解为物质的存在方式、物质的固有属性这一最一般的意义来说，涵盖宇宙中发生的一切变化和过程，从单纯的位置变动直到思维。"[1] 运动与物质不可分割，无条件的绝对运动与有条件的相对静止构成对立统一的关系。物质、运动、时间、空间具有内在的统一性。我们想问题、办事情，要一切以时间、地点、条件为转移。

（4）人类社会的物质性。人类的实践活动使物质世界的演化发生新的飞跃，出现了自然存在与社会存在的区分。实践是使物质世界分化为自然界和人类社会的前提，又是使自然界和人类社会统一起来的现实基础。"在实践上，人的普遍性正是表现为这样的普遍性，它把整个自然界——首先作为人的直接的生活资料，其次作为人的生命活动的对象（材料）和工具——变成人的无机的身体。"[2] 实践是人类社会的基础，是理解和解释

---

① 《马克思恩格斯文集》第 9 卷，人民出版社，2009，第 513 页。
② 《马克思恩格斯文集》第 1 卷，人民出版社，2009，第 161 页。

一切社会现象的钥匙。在实践基础上从自然界分化出来的社会存在同自然存在一样，都具有客观实在性。人类社会的物质性表现在，人类社会依赖于自然界，是整个物质世界的组成部分；人们谋取物质生活资料的实践活动是以物质力量改造物质力量的活动，是物质性的活动；物质资料的生产方式是人类社会存在和发展的基础，集中体现着人类社会的物质性。

（5）物质与意识的辩证关系。实践不仅诞生了社会存在，而且还创造了地球上"美丽的花朵"——意识，使世界二重化为客观世界和主观世界。物质和意识是辩证统一的关系。第一，物质决定意识。从意识的起源来看，意识不仅是自然界长期发展的产物，而且是社会历史的产物，社会实践特别是劳动在意识的产生和发展中起着决定性的作用。从意识的本质来看，意识是人脑的机能和属性，是客观世界的主观映象，是客观内容和主观形式的统一。"观念的东西不外是移入人的头脑并在人的头脑中改造过的物质的东西而已。"① 第二，意识对

---

① 《马克思恩格斯文集》第 5 卷，人民出版社，2009，第 22 页。

物质具有反作用，这种反作用就是意识的能动作用，即人特有的积极认识世界与改造世界的能力和活力。意识能动作用主要表现在：意识活动具有目的性、计划性和创造性，意识具有指导实践改造客观世界、指导和控制人的行为与生理活动的作用。

物质和意识的辩证关系要求我们处理好主观能动性与客观规律性的关系。一方面，尊重物质世界的客观规律是正确发挥主观能动性的前提。"人们自己创造自己的历史，但是他们并不是随心所欲地创造，并不是在他们自己选定的条件下创造，而是在直接碰到的、既定的、从过去承继下来的条件下创造。"① 另一方面，只有充分发挥主观能动性，才能正确认识和利用客观规律。坚持主观能动性与客观规律性的辩证统一，在社会历史领域，就是要把握社会历史趋向与主体选择的辩证关系，即把握社会历史规律的客观性和必然性同历史主体的能动性和选择性之间的辩证关系。

（6）世界物质统一性原理的意义。马克思主义关于

---

① 《马克思恩格斯文集》第2卷，人民出版社，2009，第470~471页。

世界的物质统一性原理同唯心论、宗教神学相对立，同二元论相对立，是马克思主义哲学的基石。一切从实际出发，是唯物主义一元论的根本要求，是世界物质统一性原理在现实生活和实际工作中的生动体现，是我们在实践中想问题、办事情的根本立足点。

2. 事物的普遍联系与永恒发展

马克思主义认为，物质世界是普遍联系和永恒发展的。联系的观点和发展的观点是唯物辩证法的总观点，体现了唯物辩证法的总特征。

（1）联系及其特点。联系作为一个普遍的哲学范畴，是指事物内部各要素之间和事物之间相互影响、相互制约和相互作用的关系。客观事物是普遍联系的："当我们通过思维来考察自然界或人类历史或我们自己的精神活动的时候，首先呈现在我们眼前的，是一幅由种种联系和相互作用无穷无尽地交织起来的画面。"[1] 联系具有客观性、普遍性、多样性和条件性。

（2）发展及其本质。事物的相互联系包含事物的相

---

[1] 《马克思恩格斯文集》第9卷，人民出版社，2009，第23页。

互作用，而相互作用必然导致事物的运动、变化和发展。发展作为前进的、上升的运动，其实质是新事物的产生和旧事物的灭亡。新事物是指合乎历史前进方向、具有远大前途的东西，新事物是不可战胜的。事物的发展是一个过程，自然界、人类社会和思维领域的一切现象都是作为一个过程而向前发展的。"世界不是既成事物的集合体，而是过程的集合体。"① 事物的发展过程，从形式来看，是事物在时间上的持续性和空间上的广延性的变更；从内容来看，是事物在运动形式、形态、结构、功能和关系上的更新。

（3）事物联系和发展的基本环节。事物的联系和发展是通过一系列基本环节得以实现的。原因与结果、现象与本质、内容与形式、必然性与偶然性、现实性与可能性等构成了联系与发展的基本环节。原因与结果是揭示事物引起和被引起关系的一对范畴，现象与本质是揭示事物的外在联系和内在联系的一对范畴，内容与形式是反映事物的构成要素和表现方式的一对范畴，必然性

---

① 《马克思恩格斯文集》第 4 卷，人民出版社，2009，第 298 页。

与偶然性是揭示事物发生、发展和灭亡的不同趋势的一对范畴，现实性与可能性是反映事物过去、现在和将来关系的一对范畴。这五对范畴，既揭示了事物联系和发展的环节，也是我们认识事物的重要思维工具。

3. 对立统一规律是事物发展的根本规律

事物联系和发展的一系列基本环节的展开，包含并体现为一系列基本规律。规律就是事物联系和发展过程中所固有的、必然的、稳定的联系。在由对立统一规律、质量互变规律、否定之否定规律等一系列规律和范畴构成的唯物辩证法的体系中，对立统一规律是其实质和核心，它为人们认识世界和改造世界提供了根本方法即矛盾分析法。

（1）对立统一规律。对立统一规律即矛盾规律揭示了事物运动变化和发展的源泉和动力。矛盾是反映事物内部和事物之间对立统一关系的哲学范畴。矛盾具有对立和统一两种基本属性。矛盾的对立属性又称斗争性，矛盾的统一属性又称同一性。矛盾的同一性和矛盾的斗争性在事物发展过程中相互结合、共同发生作用，但在不同条件下二者所处的地位有所不同。运用矛盾同一性和斗争性原理指导实践，需要正确把握斗争与和谐在事物发展中的作用。矛盾具有普遍性，也具有特殊性。矛盾的普遍性是指矛盾存在于一切事物之中，存在于一切事物发展过程的始终；矛盾的特殊性是指不同事物的矛盾各有其特点，同一事物的矛盾在不同发展过程和发展阶段各有不同特点，构成事物的诸多矛盾以及每一矛盾的不同方面各有不同的性质、地位和作用，在事物的矛盾群中存在根本矛盾和非根本矛盾、主要矛盾和次要矛盾，在每一对矛盾中又存在矛盾的主要方面和矛盾的次要方面。矛盾的普遍性（矛盾的共性）和矛盾的特殊性（矛盾的个性）是辩证统一的关系：矛盾的共性是绝对的，矛盾的个性是相对的；事物的矛盾是共性和个性的有机统一，共性寓于个性之中，个性也离不开共性。矛盾的共性和个性、绝对和相对的道理，是关于事物矛盾问题的精髓，是正确理解矛盾学说的关键。

（2）质量互变规律。事物的联系和发展都采取量变和质变两种状态和形式。质是一事物区别于其他事物的内在规定性，量是事物的规模、程度、速度等可以用数量关系表达的规定性。事物的量和质统一于度中，度是保持事物质的稳定性的数量界限。量变是事物数量的增减和组成要素排列次序的变化，是保持事物的质的相对稳定性的不显著变化，体现了事物发展渐进过程的连续性；质变是事物性质的根本变化，是事物由一种质态向另一种质态的飞跃，体现了事物发展渐进过程和连续性的中断。量变是质变的必要准备，质变是量变的必然结果，量变与质变相互渗透、相互转化。质量互变规律体现了事物发展的渐进性和飞跃性的统一。

（3）辩证否定观与否定之否定规律。事物内部都存在肯定因素和否定因素。肯定因素是维持现存事物存在的因素，否定因素是促使现存事物灭亡的因素。辩证否定观认为，否定是事物的自我否定，是事物发展的环节，是新旧事物联系的环节，是"扬弃"（即新事物对旧事物既批判又继承、既克服其消极因素又保留其积极因素）。事物的辩证发展就是经过两次否定、三个阶段，形成一个周期。否定之否定规律揭示了事物发展的前进性与曲折性的统一。

4. 唯物辩证法是认识世界和改造世界的根本方法

"马克思的整个世界观不是教义，而是方法。它提供的不是现成的教条，而是进一步研究的出发点和供这种研究使用的方法。"① 唯物辩证法是人们认识世界和改造世界的根本方法。

（1）唯物辩证法是客观辩证法与主观辩证法的统一。客观辩证法是客观事物和客观存在的辩证法，即客观事物以相互作用、相互联系的形式呈现出来的各种物质形态的辩证运动和发展规律。主观辩证法是人类认识和思维运动的辩证法，即以概念作为思维细胞的辩证思维运动和发展的规律。主观辩证法是客观辩证法的反映。唯物辩证法既包括客观辩证法，也包括主观辩证法，体现了唯物主义、辩证法和认识论的统一。

（2）唯物辩证法是伟大的认识工具。在马克思主义世界观和方法论中，唯物辩证法是其核心内容。唯物辩证法按其本质来说，具有批判的、革命的精神："辩证法在对现存事物的肯定的理解中同时包含对现存事物的否定的理解，即对现存事物的必然灭亡的理解；辩证法对每一种既成的形式都是从不断的运动中，因而也是从

---

① 《马克思恩格斯文集》第 10 卷，人民出版社，2009，第 691 页。

它的暂时性方面去理解；辩证法不崇拜任何东西，按其本质来说，它是批判的和革命的。"①

　　唯物辩证法的一系列规律和原理，都具有世界观和方法论的意义。例如，事物普遍联系和永恒发展的原理，要求我们必须运用联系和发展的观点看问题，用发展的思路和办法解决实际问题。"不积跬步，无以至千里；不积小流，无以成江海。""不经一番寒彻骨，怎得梅花扑鼻香。"这些都是唯物辩证法方法论的体现。在唯物辩证法的方法论体系中，矛盾分析法居于核心地位，是根本的认识方法。矛盾分析法包括广泛而深刻的内容，例如分析矛盾特殊性的方法，"两点论"与"重点论"相结合的方法，抓关键、看主流的方法，在对立中把握同一与在同一中把握对立的方法，批评与继承相统一的方法等，都是矛盾分析法的具体体现。"马克思主义的活的灵魂：对具体情况作具体分析。"② "马克思主义的最本质的东西，马克思主义的活的灵魂，就在于

---

　　① 《马克思恩格斯文集》第 5 卷，人民出版社，2009，第 22 页。

　　② 《列宁专题文集：论马克思主义》，人民出版社，2009，第 293 页。

具体地分析具体的情况。"①

（3）辩证思维方法与现代科学思维方法。辩证思维方法是人们正确进行理性思维的方法，主要有归纳与演绎、分析与综合、抽象与具体、逻辑与历史相统一等。现代科学思维方法产生于现代科学的发展，是一个巨大的方法群，包括控制方法、信息方法、系统方法、结构－功能方法、模型化方法、理想化方法等。辩证思维方法是现代科学思维方法的基础和原则，现代科学思维方法是辩证思维方法的深化和展开，二者的结合体现了人类思维方法在哲学与具体科学中的发展。学习和掌握唯物辩证法的科学方法，要求我们在实际工作中不断增强战略思维能力、历史思维能力、辩证思维能力和底线思维能力。

（二）认识的本质及发展规律

"人的正确思想是从哪里来的？是从天上掉下来的吗？不是。是自己头脑里固有的吗？不是。人的正确思

---

① 《毛泽东选集》第 1 卷，人民出版社，1991，第 312 页。

想，只能从社会实践中来。"① 毛泽东言简意赅的设问和回答，深刻地揭示了马克思主义认识论的本质。马克思主义认识论即辩证唯物主义认识论，是以科学的实践观为基础的能动的反映论，是关于人的认识产生和发展的一般规律的科学。

1. 认识与实践

马克思主义认为，实践是认识的基础，认识是主体对客体的能动反映，认识是实践基础上的辩证发展过程。

（1）科学的实践观。马克思主义哲学吸取了哲学史上关于实践概念的合理因素，创立了科学的实践观。马克思主义认为，实践是人类能动地改造世界的感性物质活动，是以改造客观世界为目的、主体和客体之间通过一定的中介发生相互作用的客观过程。实践主体、客体和中介是实践活动的三项基本要素，三者的有机统一构成实践的基本结构。实践具有直接现实性、自觉能动性和社会历史性等基本特征。人类的社会生活色彩斑斓，

① 《毛泽东文集》第 8 卷，人民出版社，1999，第 320 页。

实践活动形式丰富多彩。随着人与社会关系的发展，特别是随着社会分工的进步，人类实践的具体形式越来越多样化。从其内容来看，实践可划分为三种基本类型：物质生产实践、社会政治实践和科学文化实践。三种实践类型既各具不同的社会功能，又密切联系在一起，其中物质资料的生产活动是最基本的实践活动。

（2）实践在认识中的决定作用。"全部社会生活在本质上是实践的。凡是把理论引向神秘主义的神秘东西，都能在人的实践中以及对这种实践的理解中得到合理的解决。"① "人的思维是否具有客观的 [gegenständliche] 真理性，这不是一个理论的问题，而是一个实践的问题。人应该在实践中证明自己思维的真理性，即自己思维的现实性和力量，自己思维的此岸性。"② 实践决定认识：实践是认识的来源，实践是认识发展的动力，实践是认识的目的，实践是检验认识真理性的唯一标准。总之，人的认识从实践中来，服务于实践，随实践发展，

---

① 《马克思恩格斯文集》第 1 卷，人民出版社，2009，第 501 页。
② 同上书，第 503～504 页。

并接受实践检验。

（3）认识的本质。在认识的本质问题上，存在着两条根本对立的认识路线：一条是坚持从物到感觉和思想的唯物主义路线，另一条是坚持从思想和感觉到物的唯心主义路线。唯物主义认识路线坚持反映论的立场，认为认识是主体对客体的反映。各派唯心主义哲学都否认认识是人脑对客观世界的反映，本质上是唯心主义先验论。辩证唯物主义和旧唯物主义都坚持反映论，但旧唯物主义的反映论以感性直观为基础，把人的认识看成消极被动的反映，类似于照镜了似的反射活动，所以又称为直观的、消极被动的反映论。辩证唯物主义的反映论把实践的观点引入认识论，作为整个认识论的基础，从而科学地规定了认识主体和客体及其相互关系，对认识的发生和发展、目的和作用、检验标准等一系列重要的认识论问题作出了科学解释；它把辩证法应用于反映论，应用于考察认识的发展过程，科学地揭示了认识过程中多方面的辩证关系和认识过程的辩证性质。认识是主体在实践基础上对客体的能动反映，这是辩证唯物主义认识论对于认识本质的科学回答。这种以实践观点和辩证观点为特征的反映论就是能动的反映论。

（4）人的认识是一个辩证发展的无限过程。认识运动的辩证过程，首先是从实践到认识的过程，即在实践基础上由感性认识能动地飞跃到理性认识的过程。这是认识过程的第一次飞跃。感性认识是人们在实践基础上由感官直接感受到的关于事物的现象、外部联系和各个方面的认识，包括感觉、知觉和表象三种形式。理性认识是人们借助抽象思维，在概括整理感性材料的基础上，达到关于事物的本质、内部联系和事物自身规律性的认识，包括概念、判断、推理三种形式。感性认识和理性认识是辩证的关系：感性认识有待于发展和深化为理性认识；理性认识依赖于感性认识；感性认识和理性认识相互渗透、相互包含，二者在实践的基础上统一起来。认识过程的第二次能动飞跃是从认识到实践。从认识到实践的飞跃是更为重要的飞跃，意义更加重大。一方面，认识世界的目的是改造世界，理性认识回到实践的过程，既是理论指导实践的过程，又是理论实现自身的过程。另一方面，认识的真理性只有在实践中才能得到检验和发展。人类的认识过程是从实践到认识，从认识到实践，实践、认识、再实践、再认识，循环往复，以至于无穷的辩证发展过程，世界的无限性和实践的无止境性决定了认识过程的无限性。在这个过程中，由于客观实践是具体的历史的，所以主观认识也总是具体的历史的认识。在这个问题上，"我们的结论是主观和客观、理论和实践、知和行的具体的历史的统一，反对一切离开具体历史的'左'的或右的错误思想"①。

2. 真理与价值

（1）真理的客观性。马克思主义从认识和实践相统一的高度科学地揭示了真理的本质，即真理是标志主观与客观相符合的范畴，是对客观事物及其规律的正确反映。真理是客观的，凡真理都是客观真理，客观性是真理的本质属性，这是真理问题上的唯物论。真理的客观性在于真理的内容是对客观事物及其规律的正确反映，真理当中包含着不依赖于人和人的意识的客观内容。但是真理的形式又是主观的。真理的客观性是唯物主义反映论一般原理在真理问题上的贯彻："认为我们的感觉

---

① 《毛泽东选集》第1卷，人民出版社，1991，第296页。

是外部世界的映象；承认客观真理；坚持唯物主义认识论的观点，——这都是一回事。"① 真理的客观性决定了真理的一元性。真理的一元性是指对于特定的认识客体来说，真理只有一个，它不因认识主体的差别和变化而改变。坚持真理一元论，就要坚持在真理面前人人平等，尊重真理并按真理办事。

（2）真理的绝对性与相对性。真理既具有绝对性，也具有相对性，是绝对性和相对性的统一，这是真理问题上的辩证法。真理的绝对性是指真理的内容表明了主客观统一的确定性和发展的无限性。它有两方面的含义。其一，任何真理都包含同客观对象相符合的客观内容，都同谬误有原则性的界限，这是绝对的、无条件的。承认了客观真理，也就承认了真理的绝对性。其二，人类认识按其本性来说，能够正确认识无限发展着的物质世界，认识每前进一步，都是对无限发展着的物质世界的接近，这也是绝对的、无条件的。承认世界的

---

① 《列宁专题文集：论辩证唯物主义和历史唯物主义》，人民出版社，2009，第36页。

可知性，也就是承认了真理的绝对性。真理的相对性是指人们在一定条件下对事物的客观过程及其发展规律的正确认识总是有限度的，真理在所反映的对象的广度上、在反映对象的正确程度上都是有条件的、有限的。真理的绝对性和相对性相互依存、相互包含。任何真理性的认识都是由真理的相对性向绝对性转化过程中的一个环节，这是真理发展的规律。真理的绝对性与相对性根源于人的思维和认识能力的矛盾性，人的思维能力与认识能力是至上性和非至上性、无限性和有限性的对立统一，真理也必然是绝对性和相对性的对立统一。

真理的绝对性和相对性是同一个真理的两种属性，必须反对割裂二者辩证关系的形而上学真理观，即绝对主义和相对主义。绝对主义片面夸大真理的绝对性，否认真理的相对性，把人类认识的"里程碑"当成"终点站"，在实际工作中表现为教条主义、思想僵化。相对主义则片面夸大真理的相对性，否认真理的绝对性，把真理的相对性歪曲为主观随意性，并由此走向主观真理观，陷入不可知论和诡辩论。

（3）真理与谬误。由于主客观因素的多重限制，人们的认识并不都是真理，难免会产生谬误。谬误是同客观事物及其发展规律相违背的认识，是对客观事物本来面目的歪曲反映。真理与谬误是人类认识中的一对永恒矛盾，它们既是对立的，又是统一的。真理与谬误相互对立，是就认识确定的对象和范围来说的。在确定的对象和范围内，真理与谬误的对立是绝对的，一种认识不能在确定的条件下既是真理又是谬误，必须划清真理与谬误的原则界限。真理与谬误的对立又是相对的，真理和谬误在一定条件下能够相互转化。真理总是同谬误相比较而存在、相斗争而发展，这也是真理发展的基本规律。

（4）真理的检验标准。实践是检验真理的唯一标准，这是由真理的本性和实践的特点所决定的。真理的本性在于主观和客观相符合，因此只有那种能够把主观认识与客观事物联系和沟通起来，并使人们能够将二者比较和对照的东西，才能充当检验真理的标准。而实践具有直接的现实性，这个特点是实践作为真理标准的主要根据。实践作为检验真理的标准，具有确定性，也具有不确定性。实践标准的确定性即绝对性，是指实践作为检验认识真理性标准的唯一性；实践标准的不确定性即相对性，是指实践作为检验认识真理性标准的条件性。我们既要看到实践标准的确定性，防止和反对唯心主义、怀疑主义和相对主义，又要看到实践标准的不确定性，防止和反对教条主义和独断论错误。

（5）价值与价值评价。哲学上的"价值"作为对各种特殊价值现象的本质概括，是揭示客观世界满足人类生存发展程度的关系范畴，是指具体历史过程中客体对于主体需要的意义。价值具有客观性、主体性、社会历史性和多维性等特性。价值评价是一种以主客体的价值关系为对象的认识活动。在现实生活中，价值评价的主体是具体的，不同的主体在需要方面往往存在差异或矛盾，从而导致评价结果的差异甚至根本对立。但是，这并不能说明价值评价纯粹是一种没有任何客观标准的评价。从根本上说，价值评价要与社会历史发展的客观规律相一致，要以人们的真理性认识为根据。人类社会发展史表明，对于一个民族、一个国家来说，最持久最深层的力量是全社会共同认可的核心价值观，核心价值观承载着一个民族、一个国家的精神追求，体现着一个社会评判是非曲直的价值标准。中国共产党提出的社会主义核心价值观，体现了社会主义的本质要求，继承了中华优秀传统文化，也吸收了世界文明有益成果，体现了时代精神，是全国各族人民价值观的"最大公约数"。

（6）真理和价值在实践中的辩证统一。人们在生活实践中，不仅存在主观符合客观的真理问题，而且存在按照主体的需要认识世界和改造世界的价值问题；既面临"是不是"的问题，也面临"该不该"的问题，这就是真理与价值的关系问题。人类实践活动必须尊重客观规律，尊重真理；又要按照人类自身的需要和目的去改造世界，使世界适合人类的生存和发展。真理和价值在社会实践中的统一是一个具体的历史的过程。

3. 认识世界和改造世界

认识世界和改造世界是人类创造历史的两种基本活动。坚持认识与实践的统一，归根结底就是要将认识世界和改造世界结合起来。

（1）认识世界和改造世界及其辩证关系。认识世界就是通过实践获得关于事物的本质和发展规律的科学知识，探索和掌握真理。改造世界就是按照自己生存和发展的需要改变事物的现存形式，创造自己的理想世界和生活方式。认识世界是为了改造世界，正确地认识世界是有效地改造世界的必要前提。认识世界和改造世界的过程，既是认识和改造客观世界的过程，又是认识和改造主观世界的过程。改造客观世界包括改造自然界和改造人类社会；改造主观世界就是改造人们自己的认识能力。改造主观世界和客观世界的关系，核心是改造世界观即观察和处理问题的立场、观点和方法。认识世界和改造世界是一个充满矛盾的过程，主观和客观的矛盾是人类认识和实践活动中的基本矛盾，也是人类认识世界和改造世界的根本动力。

（2）从必然走向自由。认识世界和改造世界的过程，就是从必然走向自由的过程。哲学上的自由是标志人的活动状态的范畴，指人在活动中通过认识和利用必然所表现出的一种自觉自主的状态；必然性即客观规律性。人们只有在认识必然的基础上才有自由的活动，这是自由与必然的辩证规律。宿命论抹杀人类自由的可能性，唯意志论把自由理解为人的意志或某种精神力量的绝对自由，都是错误的。"自由不在于幻想中摆脱自然

规律而独立，而在于认识这些规律，从而能够有计划地
使自然规律为一定的目的服务。……自由就在于根据对
自然界的必然性的认识来支配我们自己和外部自然。"①
自由与必然是人类生存和发展的永恒矛盾，也是人类生
存和发展的永恒动力。

（3）一切从实际出发，实事求是。一切从实际出发
是马克思主义认识论的根本要求，实事求是是中国共产
党思想路线的核心。认识路线和思想路线在本质上是统
一的：认识路线是思想路线的哲学基础，思想路线是转
化为指导思想用以支配行动的认识路线。中国共产党在
长期的实践中形成和确立的思想路线，即一切从实际出
发，理论联系实际，实事求是，在实践中检验和发展真
理，是对马克思主义理论发展的重大贡献。

（三）人类社会及其发展规律

马克思和恩格斯创立的历史唯物主义，开辟了社会
历史认识领域的新天地，为我们正确认识人类社会历史
及其发展规律，正确认识资本主义社会和社会主义社会

---

① 《马克思恩格斯文集》第9卷，人民出版社，2009，第120页。

的发展规律，提供了科学的理论指导。

1. 社会存在与社会意识

社会存在与社会意识的关系问题，是社会历史观的基本问题。

（1）两种根本对立的历史观。在社会历史观问题上，历来存在两种根本对立的观点：一种是唯物史观，另一种是唯心史观。在马克思主义产生以前，唯心史观一直占据统治地位。唯心史观的主要缺陷是，它至多考察了人们活动的思想动机，而没有进一步探究思想动机背后的物质动因和经济根源，因而从社会意识决定社会存在的前提出发，把社会历史看成精神发展史，根本否定社会历史规律，根本否定人民群众在社会历史发展中的决定作用。唯物史观从现实的人的现实生活出发，认为："不是人们的意识决定人们的存在，相反，是人们的社会存在决定人们的意识。"① "这种历史观和唯心主义历史观不同，它不是在每个时代中寻找某种范畴，而是始终站在现实历史的基础上，不是从观念出发来解释

① 《马克思恩格斯文集》第2卷，人民出版社，2009，第591页。

实践，而是从物质实践出发来解释各种观念形态。"①

（2）社会存在。社会存在也称社会物质生活条件，是社会生活的物质方面，主要包括自然地理环境、人口因素和物质生产方式。自然地理环境是人类社会生存和发展永恒的、必要的条件，是人们生活和生产的自然基础。人口因素是重要的社会物质生活条件，对社会发展起着制约和影响的作用。物质生产方式即马克思所说的"物质生活的生产方式"，通常简称生产方式，是人们为获取物质生活资料而进行的生产活动的方式，是生产力和生产关系的统一体。在人们的社会物质生活条件中，生产方式是社会历史发展的决定力量。这是因为，生产方式是人类社会赖以存在和发展的基础，决定着社会的结构、性质和面貌，制约着人们的经济生活、政治生活和精神生活等全部社会生活，决定社会形态从低级向高级的更替和发展。

（3）社会意识。社会意识是社会生活的精神方面，是社会存在的反映。社会意识具有复杂的结构。根据社

---

① 《马克思恩格斯文集》第1卷，人民出版社，2009，第544页。

会意识的主体不同，社会意识分为个体意识和群体意识；按照意识的不同层次，社会意识分为社会心理与社会意识形式。在社会意识形式中，又存在意识形态和非意识形态之分，其中意识形态是指反映社会的经济关系、阶级关系的社会意识，主要包括政治法律思想、道德、艺术、宗教、哲学等。自然科学和语言学、形式逻辑等一部分社会科学属于非意识形态。各种社会意识形式由于反映社会存在的方面和方式不同，因而作用也不同。在阶级社会中，占统治地位的思想文化本质上是在经济上占统治地位的阶级的意识形态，具有鲜明的阶级属性。

（4）社会存在与社会意识的辩证关系。社会存在和社会意识是辩证统一的关系：社会存在决定社会意识，社会意识是社会存在的反映，并反作用于社会存在。社会存在是社会意识内容的客观来源。"意识在任何时候都只能是被意识到了的存在，而人们的存在就是他们的现实生活过程。"① 人类的社会实践是社会意识产生的基

---

① 《马克思恩格斯文集》第 1 卷，人民出版社，2009，第 525 页。

础，随着社会存在的发展，社会意识也相应或迟或早地发生变化和发展，这是社会意识对社会存在的依赖性。但是，社会意识并非消极被动地受制于社会存在，它既依赖于社会存在，又具有相对的独立性，即具有自己特有的发展形式和规律。社会意识的相对独立性主要表现在，社会意识与社会存在具有不完全同步性和不平衡性，社会意识内部各种形式之间相互影响及各自具有历史继承性，社会意识对社会存在具有能动的反作用。社会意识对社会存在的反作用是社会意识相对独立性的突出表现。

社会存在与社会意识辩证关系原理在人类思想史上第一次正确解决了社会历史观的基本问题，是社会历史观革命性变革的基础。马克思主义从社会生活的各个领域中划分出经济领域，从一切社会关系中划分出经济关系，并把它当成决定其他一切关系的最基本和最原始的关系，进而将一切社会关系归结为生产关系，将生产关系归结为生产力，从而将社会形态的发展看成自然历史过程，破天荒地破解了"历史之谜"。把握这两个"划分"和两个"归结"，对于认识社会历史具有重要意义。

2. 社会基本矛盾及其运动规律

生产力与生产关系矛盾运动的规律、经济基础与上层建筑矛盾运动的规律，是人类社会发展的基本规律。

（1）生产力与生产关系。人类第一个历史活动就是生产满足自身生存发展需要的物质资料，生产力是人类社会生活和全部历史的基础。生产力是人类在生产实践中形成的改造和影响自然以使其适合社会需要的物质力量。生产力的基本要素包括劳动资料、劳动对象和劳动者，其中劳动者是生产力中最活跃的因素。科学技术是生产力中的重要因素。生产力与生产关系不可分割地联系着。生产关系是人们在物质生产过程中形成的不以人的意志为转移的经济关系，包括生产资料所有制、生产中人与人的关系和产品分配关系，其中最基本的是生产资料所有制。

（2）生产力与生产关系矛盾运动的规律。生产力和生产关系是社会生产不可分割的两个方面。在社会生产中，生产力是生产的物质内容，生产关系是生产的社会形式，二者有机统一构成了社会的生产方式。生产力与生产关系的相互关系是：生产力决定生产关系，生产关系反作用于生产力。生产力与生产关系的相互作用构成二者的矛盾运动，其内在的、本质的、必然的联系，就是生产关系一定要适合生产力状况的规律。这个规律从过程来看，表现为生产关系对生产力总是从基本适合到基本不相适合，再到新的基础上的基本适合；生产关系也总是从相对稳定到新旧更替，再到相对稳定的矛盾运动过程。

（3）经济基础与上层建筑。马克思把社会比喻为一座大厦，并把社会关系区分为经济基础和上层建筑。经济基础是指由社会一定发展阶段的生产力所决定的生产关系的总和。上层建筑是建立在一定经济基础之上的意识形态以及与之相应的制度、组织和设施。自原始社会解体以来，上层建筑由意识形态以及政治法律制度及设施和政治组织两部分构成。其中，意识形态又称观念上层建筑，包括政治法律思想、道德、艺术、宗教、哲学等思想观念；政治法律制度及设施和政治组织又称政治上层建筑，包括国家政治制度、立法司法制度和行政制度，以及国家政权机构、政党、军队、警察、法庭、监狱等政治组织形态和设施。在整个上层建筑中，政治上层建筑居主导地位，国家政权是核心。

（4）经济基础与上层建筑矛盾运动的规律。经济基础与上层建筑是辩证统一的关系。经济基础决定上层建筑，上层建筑反作用于经济基础。经济基础与上层建筑的相互作用构成二者的矛盾运动，其本质的联系就是上层建筑一定要适合经济基础状况的规律。这里的"一定要适合"是指：经济基础的状况决定上层建筑的发展方向，决定上层建筑的调整和变革；上层建筑对经济基础具有反作用，上层建筑的反作用取决于和服从于经济基础的性质和客观要求。

3. 人类社会形态更替的一般规律及特殊形式

生产力与生产关系矛盾运动的规律和经济基础与上层建筑矛盾运动的规律，是人类社会发展的一般规律。这些规律决定了社会形态的更替和历史发展的基本趋势。由于社会发展的复杂性和曲折性，社会形态更替在遵循一般规律的同时又表现出一些特殊的形式。

（1）社会形态。社会形态是关于社会运动的具体形式、发展阶段和不同质态的范畴，是同生产力发展相适应的经济基础和上层建筑的统一体。社会形态包括社会的经济形态、政治形态和意识形态，是三者的历史的、具体的统一。依据生产关系的不同性质，人类社会可划分为原始社会、奴隶社会、封建社会、资本主义社会和共产主义社会（其第一阶段是社会主义社会）五种形态。"大体说来，亚细亚的、古希腊罗马的、封建的和现代资产阶级的生产方式可以看做是经济的社会形态演进的几个时代。资产阶级的生产关系是社会生产过程的最后一个对抗形式。"[①] 社会经济形态是社会形态的基础，生产资料所有制关系具有决定性的意义。

（2）社会形态的更替具有统一性，也具有多样性。五种社会形态依次更替，是社会历史运动的一般过程和一般规律，体现了社会形态更替的统一性。就某一国家或民族的社会发展历程而言，社会形态更替的形式又具有多样性。"世界历史发展的一般规律，不仅丝毫不排斥个别发展阶段在发展的形式或顺序上表现出特殊性，反而是以此为前提的。"[②] 社会形态更替的统一性与多样

---

① 《马克思恩格斯文集》第 2 卷，人民出版社，2009，第 592 页。
② 《列宁专题文集：论社会主义》，人民出版社，2009，第 357 ~ 358 页。

性，根源于社会发展的客观必然性与人们的历史选择性相统一的过程。一方面，社会形态更替归根结底是社会基本矛盾运动的结果，社会形态更替的客观必然性在于其更替的过程和规律是客观的，其发展趋势是确定不移的。另一方面，规律的客观性并不否定人们历史活动的能动性，并不排斥人们在遵循社会发展规律的基础上对于某种社会形态的历史选择性。社会形态更替的过程是客观规律性与主体能动性相统一的过程，人们的历史选择性归根结底是人民群众的选择性。

（3）社会形态的更替还是前进性与曲折性、顺序性与跨越性的统一。前进性与曲折性、顺序性与跨越性相统一，是一切事物发展的一般规律，也是社会形态更替的基本形式。

4. 社会历史发展的动力

推动社会历史发展的动力是多方面的。物质生产方式是社会发展的基础，在此基础上形成的社会基本矛盾是社会发展的根本动力，根源于社会基本矛盾的阶级斗争、社会革命、社会改革等，在社会发展中各具不同的重要作用。

（1）社会基本矛盾是社会发展的根本动力。生产力是社会基本矛盾运动中最基本的动力因素，是人类社会发展和进步的最终决定力量。社会基本矛盾特别是生产力和生产关系的矛盾，决定着社会中其他矛盾的存在和发展，并从根本上影响和促进社会形态的变化和发展。

（2）阶级斗争是阶级社会发展的直接动力。在阶级社会中，生产力和生产关系、经济基础和上层建筑的矛盾必然通过阶级斗争表现出来。阶级斗争对阶级社会发展的推动作用突出地表现在社会形态的更替中，还表现在同一社会形态的量变过程中。马克思主义的阶级分析方法是认识阶级社会的科学方法。

（3）革命亦称社会革命，是解决社会基本矛盾的主要方式之一，是推动阶级社会发展特别是社会形态更替的重要动力。阶级斗争发展到一定程度必然导致革命，革命是阶级斗争的最高形式。社会革命的实质是革命阶级推翻反动阶级的统治，用新的社会制度代替旧的社会制度，解放生产力，推动社会发展。革命对社会发展的巨大作用表现在：社会革命是实现社会形态更替的重要手段和决定性环节；社会革命能充分发挥人民群众创造历史的伟大作用；还能极大地教育和锻炼广大人民群众；无产阶级革命将为消除阶级对抗并充分利用全人类的文明成果促进社会全面进步创造条件。

（4）改革在社会发展的作用。改革是同一种社会形态发展过程中的量变，是在不改变社会基本制度的前提下，对生产关系和上层建筑的某些方面和环节进行变革，是推动社会发展的又一重要动力。社会改革所涉及的领域是多方面的，包括经济改革、政治改革、文化改革等。改革在社会历史发展中的重要作用集中体现在：它是在一定程度上解决社会基本矛盾、促进生产力发展、推动社会进步的有效途径和手段。社会发展离不开改革，社会主义社会的改革更是一场伟大的改革。"所谓'社会主义社会'不是一种一成不变的东西，而应当和任何其他社会制度一样，把它看成是经常变化和改革的社会。"① 社会主义改革是社会主义制度的自我完善、自我发展，其目的是解放生产力、发展生产力，促进社会的全面进步。

---

① 《马克思恩格斯文集》第 10 卷，人民出版社，2009，第 588 页。

（5）科学技术对于推动社会发展有着非常重要的作用。"在马克思看来，科学是一种在历史上起推动作用的、革命的力量。"① 每一次科学技术革命，都不同程度地引起生产方式、生活方式和思维方式的深刻变化和社会的巨大进步。科学技术的作用既受到一定的客观条件（如社会制度、利益关系）的影响，也受到一定的主观条件（如人们的观念和认识水平）的影响。因此，要有合理的社会制度来保障科学技术的正确运用，始终坚持科学技术为人类社会的健康发展服务，让科技为人类造福。

5. 群众史观与群众观点和群众路线

人民群众是历史的创造者。这一原理要求我们坚持马克思主义群众观点，贯彻党的群众路线。

（1）在谁是历史的创造者问题上，两种历史观具有截然不同的回答。唯心史观从社会意识决定社会存在的基本前提出发，否认物质资料生产方式在社会发展中的决定力量，必然抹杀人民群众的历史作用，导致英雄史

---

① 《马克思恩格斯文集》第 3 卷，人民出版社，2009，第 602 页。

观。唯物史观从社会存在决定社会意识的前提出发，把现实的人及其活动看成社会历史存在和发展的前提，从社会历史的整体联系和具体过程中认识和把握历史创造者及其活动，从而科学地解决了谁是历史的创造者的问题。

（2）人民群众是历史的创造者，在创造历史的过程中起决定性的作用。人民群众是社会物质财富的创造者，是社会精神财富的创造者，也是社会变革的决定力量。人民群众既是社会物质生产活动的主体，也是社会精神生产活动的主体。人民群众在创造社会财富的同时，也创造并改造着社会关系。人民群众是社会革命的主力军，在社会形态的更替过程中发挥了巨大作用。人民群众创造历史的活动也要受到一定社会历史条件的制约。

（3）人民群众是历史的创造者的原理要求我们坚持马克思主义群众观点，贯彻党的群众路线。马克思主义群众观点的主要内容包括：坚信人民群众自己解放自己的观点、全心全意为人民服务的观点、一切向人民群众负责的观点、虚心向群众学习的观点。我们党在长期的奋斗中，把群众观点贯彻和运用到具体实践中，形成了党的工作中的群众路线，即"一切为了群众、一切依靠群众""从群众中来、到群众中去"。群众路线是我们党的生命线和根本工作路线，也是我们党的优良传统和优良作风。

三　资本主义的本质规律及发展趋势

马克思运用唯物史观不仅揭示了商品经济发展和社会化生产的一般规律，而且发现了剩余价值产生的秘密，揭示了资本主义社会为社会主义社会所代替的历史必然性。

（一）商品经济和价值规律

资本主义生产关系的产生和资本主义生产方式的形成过程，与商品经济的发展密不可分。商品经济经历了简单商品经济和发达商品经济两个阶段。简单商品经济以生产资料私有制和个体劳动为基础；资本主义商品经济以生产资料私有制和雇佣劳动为基础，是商品经济的发达阶段。剖析以私有制为基础的简单商品经济的内在矛盾及其运动规律，成为揭示资本主义本质的出发点。

1. 商品经济的形成和发展

（1）商品经济及其产生的历史条件。商品经济是在一定历史条件下作为自然经济的对立物而产生和发展起来的。自然经济即自给自足经济，指生产是为了直接满足生产者个人或经济单位而不是为了交换的经济形式，它是与社会生产力水平低和社会分工不发达相适应的。商品经济是以交换为目的而进行生产的经济形式。"随着生产分为农业和手工业这两大主要部门，便出现了直接以交换为目的的生产。"① 商品经济得以产生的社会历史条件有两个：一是存在社会分工，二是生产资料和劳动产品属于不同的所有者。商品经济出现于原始社会末期，在资本主义社会，商品经济成为普遍的经济形式。

（2）商品的二因素和生产商品的劳动的二重性。商品是用来交换、能满足人们某种需要的劳动产品。商品具有使用价值和价值两种因素或两种属性，是使用价值和价值的矛盾统一体。使用价值由商品本身的自然属性决定，构成社会财富的物质内容；价值是凝结在商品中的无差别的人类劳动即脑力和智力的耗费，是商品所特有的社会属性。商品的使用价值和价值之间存在着对立

---

① 《马克思恩格斯文集》第 4 卷，人民出版社，2009，第 182 页。

统一的关系：一方面，其使用价值和价值相互排斥、不可兼得。要获得商品的价值，就必须让渡商品的使用价值；要得到商品的使用价值，就不能得到商品的价值。另一方面，作为商品又必须同时具有使用价值和价值两个因素。生产商品的劳动可分为具体劳动和抽象劳动。具体劳动是生产使用价值的具体形式的劳动，抽象劳动是撇开一切具体形式的、无差别的人类劳动。具体劳动创造商品的使用价值，抽象劳动形成商品的价值。具体劳动和抽象劳动是同一劳动的两种规定，劳动的二重性决定了商品的二因素。

（3）商品价值量的决定。商品的价值包括质的规定和量的规定两个方面。价值的质的规定回答的是价值的实体是什么，价值的量的规定回答的是价值的大小如何决定。商品的价值量只能由生产商品的社会必要劳动时间来决定。"社会必要劳动时间是在现有的社会正常的生产条件下，在社会平均的劳动熟练程度和劳动强度下制造某种使用价值所需要的劳动时间。"[①] 商品的价值量

---

① 《马克思恩格斯文集》第5卷，人民出版社，2009，第52页。

与生产商品的社会必要劳动时间成正比，与劳动生产力成反比，同时同简单劳动与复杂劳动有密切关系。

（4）价值形式的发展与货币的产生。商品交换是以货币为媒介的。货币是在长期交换过程中形成的固定充当一般等价物的商品。从历史上看，商品价值形式的发展经历了四个阶段，即简单的或偶然的价值形式、总和的或扩大的价值形式、一般价值形式和货币形式。随着货币的产生，整个商品世界分化为两极：一极是各种各样的具体商品，它们代表不同的使用价值；另一极是货币，它只代表商品的价值。这样，商品内在的使用价值和价值的矛盾发展成为外在的商品和货币的矛盾。货币的出现有利于解决商品交换的困难，促进商品经济的发展，但不可能解决商品经济的基本矛盾即私人劳动和社会劳动的矛盾，反而使矛盾扩大和加深了。

2. 价值规律及其作用

（1）价值规律的内容及其客观要求。价值规律是商品生产和商品交换的基本规律，其主要内容和客观要求是：商品的价值量由生产商品的社会必要劳动时间决定，商品交换以价值量为基础，按照等价交换的原则进行。价值规律贯穿于商品经济的全部过程，既支配商品生产，又支配商品流通。在商品经济中，价值规律的表现形式是，商品的价格围绕商品的价值上下波动。

（2）价值规律的作用。价值规律是在市场配置资源的过程中体现它的客观要求和作用的。价值规律的作用表现在：自发地调节生产资料和劳动力在社会各生产部门之间的分配比例，自发地刺激社会生产力的发展，自发地调节社会收入的分配。价值规律在对经济活动进行自发调节时，也会产生一些消极后果：导致社会资源浪费、导致收入两极分化、阻碍技术的进步，等等。

3. 以私有制为基础的商品经济的基本矛盾

（1）私人劳动和社会劳动。在以私有制为基础的商品经济中，商品生产者的劳动具有两重性，既是具有社会性质的社会劳动，又是具有私人性质的私人劳动。商品生产者的劳动的社会性质是由社会分工决定的，在社会分工条件下，每个商品生产者的劳动都是社会总劳动的有机组成部分，是具有社会性质的社会劳动。商品生产者的劳动的私人性质是由生产资料私有制决定的，在生产资料私有制条件下，每个商品生产者作为私有者，独立地进行商品生产活动，拥有劳动产品并自负盈亏，是具有私人性质的私人劳动。

（2）私有制商品经济的基本矛盾。私人劳动和社会劳动的矛盾构成私有制商品经济的基本矛盾，这一矛盾贯穿商品经济发展过程的始终，决定商品经济的各种内在矛盾及其发展趋势。这是因为，它决定着商品经济的本质及其发展过程，它是商品经济的其他一切矛盾的基础，它决定着商品生产者的命运。

私有制商品经济条件下私人劳动和社会劳动之间的矛盾通过商品的运动、价值的运动、货币的运动等决定商品生产者的命运，这使商品生产者认为商品、价值乃至货币似乎是物的自然属性，而这种所谓的自然属性又似乎具有超自然的神秘性，于是人们之间一定的社会关系被物与物的关系所掩盖，人们一定的社会关系在人们面前采取了物与物的超自然的虚幻形式，马克思称之为商品拜物教。

4. 科学认识马克思劳动价值论

（1）马克思劳动价值论的理论与实践意义。通过对商品关系的深刻分析，马克思阐明了商品的二因素和生产商品的劳动的二重性及其相互关系、价值的质和量的规定性及其变化规律、价值形式的发展和货币的起源、商品经济的基本矛盾和基本规律及其作用，形成了科学的劳动价值论。马克思劳动价值论的理论和实践意义在于：扬弃了英国古典政治经济学的观点，为剩余价值论的创立奠定了基础；揭示了私有制条件下商品经济的基本规律，为从物与物的关系背后揭示人与人的关系提供了理论依据；揭示了商品经济的一般规律，对理解社会主义市场经济具有指导意义。

（2）深化对马克思劳动价值论的认识。马克思创立劳动价值论的时代是工业化初期的蒸汽机时代，面对 21 世纪社会经济条件的巨大变化，必须深化对马克思劳动价值论的认识。一是要深化对创造价值的劳动的认识，对生产性劳动作出新的界定；二是要深化对科技人员、经营管理人员在社会生产和价值创造中的作用的认识；三是要深化对价值创造与价值分配关系的认识。

（二）资本主义经济制度的本质

资本主义经济制度是以资本主义私有制和雇佣劳动为基础的一种剥削制度，资本主义所有制是生产资料归资本家所有的一种私有制形式，生产剩余价值是资本主义生产方式的绝对规律，生产社会化和生产资料资本主义私人占有之间的矛盾是资本主义的基本矛盾，资本主义发展到一定阶段就会发生以生产过剩为基本特征的经济危机。

1. 资本主义经济制度的产生

（1）资本主义生产关系的产生。原始社会是人类社会发展中的第一个社会形态，奴隶社会是人类历史上第一个阶级剥削社会，封建社会的生产关系以封建主占有土地等生产资料和不完全占有农民（农奴）为基本特征。"资本主义社会的经济结构是从封建社会的经济结构中产生的。后者的解体使前者的要素得到解放。"① 生产力和生产关系的矛盾引起封建社会农村自然经济和城市行会组织的解体，导致城乡资本主义生产关系的产生。资本主义萌芽于 14 世纪末 15 世纪初地中海沿岸的一些城市，其产生途径有两个：一是从小商品经济分化出来，二是从商人和高利贷者转化而来。

---

① 《马克思恩格斯文集》第 5 卷，人民出版社，2009，第 822 页。

（2）资本原始积累与资本主义生产关系的发展。15世纪末，美洲和通往印度航道的新发现，世界市场的迅速扩大，要求商品生产以更大的规模和更快的速度发展，催生了资本主义社会化大生产。新兴资产阶级通过资本的原始积累，以暴力手段为资本主义迅速发展创造条件。资本原始积累就是生产者与生产资料相分离、资本迅速集中于少数人手中，资本主义得以迅速发展的历史过程。在西欧，资本原始积累始于15世纪后30年，经过16世纪的高潮，延续到19世纪初。资本原始积累主要通过两个途径进行：一是以暴力手段掠夺农民的土地，这是资本原始积累过程的基础，它在英国表现得最为典型；二是以暴力手段掠夺货币财富，利用国家政权的力量进行残酷的殖民掠夺，这是资本原始积累的又一个重要方式。

（3）资本主义生产方式的确立。资本主义生产关系的产生和发展反过来促进了生产力的发展，生产力和生产关系的矛盾运动对上层建筑的彻底变革提出了强烈要求，即政治上完成资产阶级革命，用资产阶级政权取代封建地主阶级政权。从17世纪中期到18世纪后半期，英、法等国先后进行资产阶级革命，最终建立了资产阶级的政治统治。从 18 世纪 60 年代起，英、法等国先后发生工业革命，社会生产力空前发展，资本主义生产方式的支配地位得以形成。资产阶级政治统治的建立和资本主义生产方式支配地位的形成，标志着资本主义制度的最终确立。

2. 劳动力成为商品和货币转化为资本

资本主义经济制度是以资本主义私有制和雇佣劳动为基础的一种剥削制度，其形成是以劳动力成为商品为前提条件的。马克思在对劳动力成为商品和货币转化为资本的分析的基础上，揭示了剩余价值的来源，阐明了资本的本质，揭露了资本拜物教产生的秘密，为科学认识资本主义经济制度的本质提供了有力的理论武器。

（1）劳动力成为商品的基本条件。劳动力成为商品需要具备两个基本条件：一是劳动者是自由人，能够把自己的劳动力作为商品来支配；二是劳动者除了自己的劳动力以外没有别的商品可以出卖，没有实现自己的劳动力所必需的物质条件。劳动力成为商品，标志着简单商品生产发展到资本主义商品生产的新阶段。在这个阶段，资本家与工人的关系实质上是资本家支配和剥削工人的雇佣劳动关系。

（2）劳动力商品的特点与货币转化为资本。像任何商品一样，劳动力商品也具有价值和使用价值。但是，劳动力作为一种特殊商品，它的价值和使用价值具有独特的特点。"劳动力的价值，是由生产、发展、维持和延续劳动力所必需的生活必需品的价值决定的。"① 劳动力商品的使用价值的一个很大特点是，它在消费过程中能够创造出比劳动力本身的价值更大的新的价值。因此，货币所有者购买劳动力以后，在消费它的过程中，不仅能收回他购买这种商品时所支付的价值，而且能得到增殖的价值即剩余价值。一旦货币购买劳动力带来剩余价值，货币也就变成了资本。劳动力商品的使用价值是劳动，具有成为价值源泉的特殊属性，它的实际使用就是劳动的物化，从而创造了剩余价值，并使货币转化为资本。

3. 资本主义所有制

（1）资本主义所有制的含义。资本主义所有制是生

---

① 《马克思恩格斯文集》第 3 卷，人民出版社，2009，第 56 页。

产资料归资本家所有的一种私有制形式。在资本主义所有制条件下，资本家拥有生产资料的所有权，劳动者与生产资料相分离。为了维持生存，劳动者不得不通过将劳动力出卖给资本家来实现与生产资料的结合，资本家与工人的关系变成雇佣劳动关系。在这种关系中，资本家不但拥有生产资料的所有权，而且拥有对雇佣劳动者的支配权，并凭借这种所有权和支配权实现对全部劳动产品的占有和支配。

（2）资本主义所有制的本质。与以往的剥削制度不同，在资本主义雇佣劳动制度里，生产资料和货币采取了资本的形式，生产资料所有者成为资本人格化的资本家，资本家和劳动者之间的关系成为资本与雇佣劳动的关系。"罗马的奴隶是由锁链，雇佣工人则由看不见的线系在自己的所有者手里。"[1] 资本家凭借对生产资料的占有，在等价交换原则的掩盖下，雇佣工人从事劳动，无偿占有雇佣工人的剩余价值，资本与雇佣劳动的关系具有了剥削与被剥削的对抗性质。因此，资本主义所有

---

[1] 《马克思恩格斯文集》第 5 卷，人民出版社，2009，第 662 页。

制是雇佣劳动赖以存在的基础，是资本与雇佣劳动之间剥削与被剥削关系的体现。这就是资本主义所有制的实质。

4. 生产剩余价值是资本主义生产方式的绝对规律

资本主义生产的直接目的和决定性动机，就是无休止地获取尽可能多的剩余价值。这种不以人的意志为转移的客观必然性就是剩余价值规律。"生产剩余价值或赚钱，是这个生产方式的绝对规律。"①

（1）剩余价值的生产过程。剩余价值是在资本主义的生产过程中生产出来的。资本主义生产过程具有两重性，它既是生产物质资料的劳动过程，也是生产剩余价值的生产过程即价值增殖过程。资本主义生产过程是劳动过程和价值增殖过程的统一。"作为劳动过程和价值形成过程的统一，生产过程是商品生产过程；作为劳动过程和价值增殖过程的统一，生产过程是资本主义生产过程，是商品生产的资本主义形式。"② 在价值增殖过程

---

① 《马克思恩格斯文集》第 5 卷，人民出版社，2009，第 714 页。

② 同上书，第 229 ~ 230 页。

中，雇佣工人的劳动分为两部分：一部分是必要劳动，用于再生产劳动力的价值；另一部分是剩余劳动，用于无偿地为资本家生产剩余价值。剩余价值是雇佣工人所创造的并被资本家无偿占有的超过劳动力价值以上的那部分价值。它是雇佣工人剩余劳动的凝结，体现了资本家与雇佣工人之间剥削与被剥削的关系。

（2）资本的不同部分在剩余价值生产中的作用。资本作为能够带来剩余价值的价值，在资本主义生产过程中采取生产资料和劳动力两种形态，它们在剩余价值生产中所起的作用不同。以生产资料形态存在的资本在生产过程中只转移自己的物质形态而不改变自己的价值量，不发生增殖，马克思称之为不变资本。购买劳动力的那部分资本的价值在生产过程中不是被转移到新产品中去了，而是通过工人的劳动再生产出新价值，它不仅包括相当于劳动力价值的价值，而且包括一定量的剩余价值，它是一个可变的量，马克思称之为可变资本。资本两种形态的区分进一步表明，剩余价值不是由全部资本创造的，也不是由不变资本创造的，而是由可变资本雇佣的劳动者创造的，雇佣劳动者的剩余劳动是剩余价值的唯一源泉。这种区分也为确定资本家对雇佣劳动者的剥削程度提供了科学根据。

（3）剩余价值生产的两种基本方法。资本家提高对工人的剥削程度的方法多种多样，其中最基本的方法有两种，即绝对剩余价值的生产和相对剩余价值的生产。绝对剩余价值是在必要劳动时间不变的前提下，通过延长工作日的长度和提高劳动强度而生产的剩余价值，这种生产剩余价值的方法称为绝对剩余价值生产方法。相对剩余价值是在工作日长度不变的条件下，通过缩短必要劳动时间而相对延长剩余劳动时间所生产的剩余价值，这种生产剩余价值的方法称为相对剩余价值生产方法。

（4）资本积累。把剩余价值转化为资本，或者说剩余价值的资本化，就是资本积累。资本家如果将无偿占有的剩余价值全部用于个人消费，则生产就在原有规模的基础上重复进行，这叫资本主义简单再生产。资本主义简单再生产不仅生产商品，生产剩余价值，而且生产和再生产资本关系本身，是物质资料再生产和资本主义生产关系再生产的统一。但是，资本主义再生产的特点是扩大再生产，也就是将剩余价值的一部分转化为资本，使生产在扩大的规模上重复进行。资本积累是资本主义扩大再生产的源泉，而剩余价值是资本积累的源泉。随着资本积累和生产规模的扩大，社会财富日益集中到资产阶级手中，因此，资本积累必然加剧社会的两极分化。不仅如此，资本积累也是资本主义社会失业现象的根源。"资本主义积累不断地并且同它的能力和规模成比例地生产出相对的，即超过资本增殖的平均需要的，因而是过剩的或追加的工人人口。"① 随着资本积累的增长，一方面资本主义生产越来越具有社会性，另一方面资本越来越集中于少数资本家手中，因而生产社会化和生产资料资本主义私人占有形式之间便产生了深刻的矛盾。这种矛盾日益加剧，最终会使资本主义被更能适应社会化大生产要求的社会形态所取代。

（5）资本的循环周转与再生产。资本作为一种自行增殖的价值，不仅在生产过程内运动，而且也在流通过程中运动。就个别资本的运动而言，资本循环是资本从

---

① 《马克思恩格斯文集》第5卷，人民出版社，2009，第726页。

一种形式出发，经过一系列形式的变化，又回到原来出发点的运动。产业资本在循环过程中要经历三个不同阶段，执行三种不同的职能：一是购买阶段，即购买生产资料和劳动力的阶段，执行的是货币资本的职能；二是生产阶段，即生产资料与劳动力相结合从事资本主义生产的阶段，执行的是生产资本的职能；三是售卖阶段，即商品资本向货币资本的转化阶段，执行的是商品资本的职能。产业资本的运动必须具备的基本前提条件是，它的三种职能形式必须在空间上并存、在时间上继起，只有这样，才能保证资本无休止的价值增殖的运动。而这个条件在资本主义制度下并不总是能够具备，这使得资本连续和高速运动的条件经常遭到破坏。

就社会总资本的再生产和流通规律而言，社会再生产的核心问题是社会总产品的实现问题，即社会总产品的价值补偿和实物补偿问题。社会总产品在物质形态上，根据其最终用途可区分为用于生产性消费的生产资料和用于生活消费的消费资料。与此相应，社会生产可划分为两大部类：第一部类（Ⅰ）由生产生产资料的部门构成，其产品进入生产领域；第二部类（Ⅱ）由生产消费资料的部门构成，其产品进入生活消费领域。社会再生产的顺利进行，要求生产中所耗费的资本在价值上得到补偿，要求实际生产过程中所耗费的生产资料和消费资料在实物上得到替换。这在客观上要求两大部类内部各个产业部门之间和两大部类之间保持一定的比例关系。由资本主义生产资料私有制和雇佣劳动制度所决定，资本主义两大部类的生产都是在价值规律和剩余价值规律的作用下自发进行的，具有严重的盲目性，这就导致了两大部类生产在规模上和结构上经常处于失衡状态。这种失衡和脱节经常表现为生产过剩，以至于社会总产品的实现即实物替换和价值补偿难以顺利进行，最严重的就是引发经济危机。

（6）工资与剩余价值的分配。在资本主义制度下，工人的工资是劳动力的价值或价格，这是资本主义工资的本质。在这种制度下，资本家购买工人的劳动力是以货币工资形式支付的，工人为资本家劳动，资本家付给工人工资，工资表现为"劳动的价格"或工人全部劳动的报酬，这就模糊了工人必要劳动和剩余劳动的界限，掩盖了资本主义的剥削关系。只要资本与雇佣劳动的基本经济关系不变，资本主义工资的本质就不会发生根本变化。

在现实的资本主义经济生活中，资本家并不是把剩余价值视为可变资本的产物，而是把它视为全部垫付资本的产物，剩余价值便取得了利润的形态。当剩余价值转化为利润，剩余价值与可变资本的关系便被掩盖了。不同生产部门的资本家的激烈竞争，必然导致利润率平均化，形成社会的平均利润率。利润转化为平均利润，是剩余价值规律和竞争规律作用的必然结果，体现着不同部门的资本家集团要求按照等量资本获得等量利润的原则来瓜分剩余价值的关系。在利润率平均化的过程中，产业资本家得到产业利润，商业资本家得到商业利润，银行资本家得到银行利润，农业资本家得到农业利润。资本家集团在加强对工人阶级的剥削以榨取更大量的剩余价值这一点上，有着共同的阶级利益。

（7）剩余价值理论的意义。马克思通过分析剩余价值的生产、积累、流通以及分配，揭示了剩余价值的运动规律及其作用，创立了剩余价值理论。剩余价值理论深刻揭露了资本主义生产关系的剥削本质，阐明了资产阶级与无产阶级之间阶级斗争的经济根源，指出了无产阶级革命的历史必然性。剩余价值理论是马克思主义经济理论的基石，是无产阶级反对资产阶级、揭示资本主义制度剥削本质的锐利武器。由于唯物史观和剩余价值的发现，社会主义由空想变为科学。

5. 资本主义基本矛盾与经济危机

（1）资本主义基本矛盾。生产社会化和生产资料资本主义私人占有之间的矛盾，是资本主义的基本矛盾。随着科学技术的进步和社会生产力的发展，资本主义生产不断社会化。但是，在资本家私人占有生产资料和剥削雇佣劳动者的生产关系中，社会化的生产力却变成资本的生产力，变成资本榨取剩余价值、生产剩余价值、实现价值增殖的能力。资本主义基本矛盾是生产力与生产关系之间的矛盾在资本主义社会中的具体体现。

（2）资本主义经济危机。资本主义发展到一定阶段，就会发生以生产过剩为基本特征的经济危机。生产过剩是资本主义经济危机的本质特征，但这种过剩是相对过剩，即相对于劳动人民有支付能力的需求来说社会生产的商品的过剩，而不是与劳动人民的实际需求相比的绝对过剩。

经济危机的抽象的一般的可能性，首先是由货币作为流通手段和支付手段引起的，但是这仅仅是危机在形式上的可能性。资本主义经济危机的根本原因是资本主义基本矛盾。其具体表现是：生产无限扩大的趋势与劳动人民有支付能力的需求相对缩小的矛盾；个别企业内部生产的有组织性与整个社会生产的无政府状态之间的矛盾。"一切现实的危机的最终原因，总是群众的贫穷和他们的消费受到限制，而与此相对比的是，资本主义生产竭力发展生产力，好像只有社会的绝对的消费能力才是生产力发展的界限。"① 资本主义基本矛盾运动的阶段性决定了资本主义经济危机具有周期性。

6. 资本主义政治制度和意识形态

（1）资本主义国家职能及其本质。资本主义国家本质上是资产阶级进行阶级统治的工具，其职能是以服务于资本主义制度和资产阶级利益为基本内容的。资本主义国家的职能包括对内实现政治统治和社会管理，对外

---

① 《马克思恩格斯文集》第 7 卷，人民出版社，2009，第 548 页。

进行国际交往和维护国家安全及利益。从历史唯物主义的观点来看，资本主义国家作为资产阶级利益的体现，在经济上要求自由竞争、等价交换，在政治上要求形式上的自由、民主、正义、平等。这些特征与奴隶制和封建制国家相比，是人类社会政治生活的一大进步。但是，这种进步并没有改变资本主义国家作为剥削阶级对人民群众进行阶级统治和阶级压迫的工具的性质，并没有消除人们在政治生活方面的不自由、不平等、不民主、不公正的现象，它只是以一种新的阶级剥削和压迫形式取代以往旧的阶级剥削和压迫形式而已。

（2）资本主义的民主制度及其本质。资本主义国家的政治统治是通过具体的政治制度实现的，主要有资本主义的民主与法制、政权组织形式、选举制度、政党制度等。所有这些，就是资产阶级所标榜的资本主义民主制度。资本主义的民主制度是与资本主义生产方式相适应而发展起来的，是在资产阶级反对封建专制主义、维护自身利益和巩固自己的政治统治的过程中形成、发展和完善的。资本主义政治制度的形成和发展在人类社会历史的发展进程中曾经起过重要的进步作用，但是，由于资本主义政治制度在本质上是资产阶级进行政治统治和社会管理的手段和方式，是为资产阶级专政服务的，因而不可避免地有其阶级的和历史的局限性。它在关于政治制度建设和实施的理论、观点、立场和方法等方面，都带有深刻的资产阶级的阶级印记和阶级偏见。

（3）资本主义意识形态及其本质。资本主义意识形态是在资产阶级国家中占统治地位的、反映作为统治阶级的资产阶级的利益和要求的各种思想理论和观念的总和。在资本主义国家中，占统治地位的政治、经济、法律、哲学、伦理、历史、文学、宗教等大多数人文社会科学的理论和学说，都属于资本主义意识形态的范畴。资本主义意识形态是资本主义社会条件下的观念上层建筑，是为资本主义社会的经济基础服务的；资本主义意识形态是资产阶级的阶级意识的集中体现。对于资本主义意识形态，应该用辩证的观点来分析，用辩证批判的态度来对待。资本主义在长期发展中创造出大量的物质财富的同时，也创造出丰富的精神成果。在这些精神成果中，有相当一部分以意识形态的形式保存下来，包含着人类文明进步的成就。但是，资产阶级意识形态的本质决定了它具有极大的阶级的和历史的局限性。

（三）资本主义的历史地位与发展趋势

资本主义社会同历史上一切其他社会经济制度一样，其产生、发展以及最终为另一种更高级的社会经济制度所代替，是由人类社会发展的一般规律所决定的，是不以人的意志为转移的客观的自然历史过程。

1. 资本主义的历史地位及其局限性

（1）资本主义的历史地位。同此前的其他社会经济制度相比，资本主义社会显示了巨大的历史进步性。资本主义制度空前地提高了生产力，这是以往任何社会所不可比拟的。资本主义的历史进步性集中体现在：资本主义将科学技术转化为强大生产力；资本追求剩余价值的内在动力和竞争的外部压力推动了社会生产力的迅速发展；资本主义意识形态和政治制度作为上层建筑在战胜封建社会自给自足的小生产的生产方式和保护与促进资本主义生产方式方面起着重要作用，从而推动了社会生产力的迅速发展，促进了社会进步。

（2）资本主义的局限性。资本主义的历史进步性并不能掩盖其自身的局限性。其表现是：资本主义基本矛盾阻碍社会生产力的发展；在资本主义制度下财富占有两极分化，引发经济危机；资本家阶级支配和控制资本主义经济和政治的发展与运行，不断激化社会矛盾和冲突。这些局限性决定了资本主义的经济、政治、文化和社会等各个领域以及全球范围内的冲突、动荡和危机。

2. 资本主义的发展趋势

（1）资本主义的内在矛盾决定了资本主义必然被社会主义所取代。"社会的物质生产力发展到一定阶段，便同它们一直在其中运动的现存生产关系或财产关系（这只是生产关系的法律用语）发生矛盾。于是这些关系便由生产力的发展形式变成生产力的桎梏。那时社会革命的时代就到来了。随着经济基础的变更，全部庞大的上层建筑也或慢或快地发生变革。"① 资本主义基本矛盾"包含着现代的一切冲突的萌芽"；资本积累推动资本主义矛盾不断激化并最终否定资本主义本身；国家垄断资本主义作为资本社会化的更高形式将成为社会主义的前奏；资本主义在造就了社会化大生产的同时也产生

---

① 《马克思恩格斯文集》第 2 卷，人民出版社，2009，第 591 ~ 592 页。

了推动和运用这一先进生产力的无产阶级，资产阶级的灭亡和无产阶级的胜利同样是不可避免的。

（2）资本主义的新变化并没有改变资本主义必然灭亡的历史趋势。从自由资本主义到垄断资本主义，从私人垄断资本主义到国家垄断资本主义的发展，以及当代资本主义在生产资料所有制、劳资关系和分配关系、社会阶层和阶级结构、经济调节机制和经济危机形态以及政治制度等方面出现的新变化，并没有改变资本主义制度的本质，并没有克服资本主义的基本矛盾，也没有改变马克思主义关于资本主义的基本论断的科学性。

（3）资本主义必然为社会主义所代替，并不意味着资本主义社会将在短期内自行消亡，资本主义向社会主义的过渡必然是一个长期的历史过程。这是因为，任何社会形态的存在都具有相对的稳定性，从产生到衰亡都要经过相当长的时间；资本主义发展的不平衡性决定了过渡的长期性；当代资本主义的发展还显示出生产关系对生产力容纳的空间。但我们必须明确的是，尽管这个过渡是一个相当长的历史过程，并且这个过程可能出现各种曲折，但资本主义为社会主义所取代，则是必然的历史走向。

四 社会主义的发展及规律

科学社会主义在马克思主义科学体系中处于核心地位。总结社会主义的发展进程，掌握科学社会主义的基本原则，汲取历史的经验教训，对于把握社会主义的发展规律，坚定社会主义理想信念，具有重要意义。

（一）社会主义的产生和发展

社会主义从空想到科学、从理论到实践、从一国到多国的 500 年的发展，经历了波澜壮阔的发展历史。

1. 从空想社会主义到科学社会主义

（1）空想社会主义的发展经历了三个阶段，即16～17 世纪的早期空想社会主义，其代表人物是英国人莫尔和意大利人康帕内拉；18 世纪的空想平均共产主义，其代表人物是法国人摩莱里和马布里；19 世纪初期批判的空想社会主义，代表人物是法国人圣西门、傅立叶和英国人欧文。19 世纪初期以圣西门、傅立叶、欧文为代表的空想社会主义是科学社会主义的直接思想来源。

（2）空想社会主义是早期无产阶级意识和利益的先声，反映了早期无产阶级要求改造现存社会、建立理想新社会的愿望。空想社会主义者对资本主义旧制度的辛辣批判，包含着许多击中要害的见解；对社会主义新制度的描绘，闪烁着诸多天才的火花。但是，空想社会主义"没有能够指出真正的出路。它既不会阐明资本主义制度下雇佣奴隶制的本质，又不会发现资本主义发展的规律，也不会找到能够成为新社会的创造者的社会力量"①。这种"不成熟的理论，是同不成熟的资本主义生产状况、不成熟的阶级状况相适应的"②。就总体而言，空想社会主义还不是科学的理论体系。

（3）科学社会主义的诞生。资本主义基本矛盾的发展和无产阶级与资产阶级斗争的激化，为社会主义从空想发展为科学提供了社会需要和客观条件；唯物史观和剩余价值学说，为实现社会主义从空想到科学的飞跃奠定了坚实的理论基础。马克思、恩格斯在揭示人类社会发展一般规律和资本主义发展特殊规律的基础上，科学论证了社会主义取代资本主义的历史必然性，阐明了无

---

① 《列宁专题文集：论马克思主义》，人民出版社，2009，第71页。
② 《马克思恩格斯文集》第9卷，人民出版社，2009，第274页。

产阶级的历史使命，提出了无产阶级革命斗争的战略策略，科学预见了未来社会的基本特征，提出了从资本主义社会向共产主义社会过渡时期的理论，创建了科学社会主义学说，从根本上超越了空想社会主义，实现了社会主义思想从空想到科学的伟大飞跃。

2. 社会主义从理论到现实

科学社会主义自产生之后，逐步与工人运动相结合，指导无产阶级政党的革命斗争，并在这个过程不断完善和发展。在这种理论与实践的互动中，社会主义从理论变为现实。

（1）第一国际与巴黎公社。1848年欧洲革命后，资本主义在各国得到迅速发展，无产阶级力量不断壮大。1864年国际工人协会（第一国际）应运而生。第一国际促进了马克思主义的传播和与国际工人运动的结合，初步确立了马克思主义在工人运动中的指导地位。1871年巴黎公社革命是第一国际精神的产儿，是无产阶级夺取政权的第一次伟大尝试。马克思、恩格斯总结巴黎公社的经验，认为无产阶级革命取得成功并保持胜利果实的首要条件是要有革命的武装；必须打碎旧的国家机器，建立无产阶级的新型国家；无产阶级政权是为人民服务的机关；必须建立无产阶级政党，发挥党的政治领导作用。巴黎公社失败后，欧洲工人运动进入低潮，第一国际自行解散。随着资本主义的进一步发展，19世纪70~80年代，工人运动重新高涨起来，无产阶级政党和团体在欧美各国纷纷建立。1889年7月，在恩格斯指导下，国际社会主义者在巴黎举行代表大会，标志着第二国际的诞生。

（2）十月革命胜利与第一个社会主义国家的建立。列宁结合新的时代条件和俄国实际，制定了无产阶级革命的战略策略，丰富和发展了马克思主义。列宁指出："经济和政治发展的不平衡是资本主义的绝对规律。由此就应得出结论：社会主义可能首先在少数甚至在单独一个资本主义国家内获得胜利。"① "资本主义的发展在各个国家是极不平衡的……由此得出一个必然的结论：社会主义不能在所有国家内同时获得胜利。它将首先在

---

① 《列宁专题文集：论社会主义》，人民出版社，2009，第4页。

一个或者几个国家内获得胜利。"[1] 他根据俄国国内的革命形势和国际状况的科学分析，进一步得出了社会主义可能在经济文化相对落后的俄国首先取得胜利的结论，并将这一理论付诸实践，在革命形势成熟的条件下，领导了俄国十月革命。十月革命是世界历史上划时代的重大事件，产生了深远的历史影响。首先，它将马克思主义关于无产阶级革命的理论变为现实，开启了无产阶级革命的新时代，建立了世界上第一个社会主义国家。十月革命推翻了人剥削人、人压迫人的制度，实现了千百年来先进思想家和劳动人民梦寐以求的美好理想。其次，它沉重打击了帝国主义的统治，鼓舞了资本主义国家的革命运动。再次，它激励了殖民地半殖民地的民族民主革命，掀起了被压迫民族解放斗争的新高潮。最后，它促进了马克思列宁主义的传播，推进了无产阶级政党的建立。许多国家纷纷成立共产党，世界共产主义展现出蓬勃发展的新局面。

3. 社会主义从一国到多国

（1）苏维埃俄国是世界上第一个社会主义国家。列

---

[1] 《列宁专题文集：论社会主义》，人民出版社，2009，第8页。

宁对苏维埃俄国如何建设社会主义进行了深刻的理论思考，提出了许多精辟的论述。列宁晚年总结十月革命以来的道路，提出了建设社会主义的新构想。列宁的精辟论述和构想是对马克思主义的重大贡献，也是他留给后人的最宝贵的思想遗产。

（2）俄国十月革命的胜利，苏联社会主义建设的成就，殖民地半殖民地国家民族民主革命的蓬勃发展以及帝国主义力量的削弱，极大地鼓舞了世界各国人民，促进了世界社会主义运动的发展。第二次世界大战以后，在欧洲、亚洲和拉丁美洲，一批国家先后走上社会主义道路。中国革命的胜利，是继十月革命后 20 世纪最重大的事件之一。在世界社会主义取得重大发展的时期，社会主义国家的人口占世界人口的 1/3，领土面积占世界陆地面积的 1/4。

（二）科学社会主义的基本原则

科学社会主义的基本原则作为马克思主义的核心内容，它是马克思、恩格斯通过深刻揭示人类社会发展的基本规律，深入阐发资本主义基本矛盾，并在指导国际工人运动的实践中逐步形成的。

1. 科学社会主义基本原则的主要内容

马克思、恩格斯在揭示资本主义发展趋势和无产阶级历史使命的基础上，对未来社会的发展过程、发展方向和一般特征作出了科学预测和设想，对无产阶级政党领导无产阶级和人民群众推进社会主义事业提出了基本准则和要求。

（1）在生产资料公有制基础上组织生产，满足全体社会成员的需要是社会主义生产的根本目的。未来的新社会应该是公有制为基础的社会。无产阶级夺取政权后，要利用自己的政治统治，把生产工具集中在国家即组织成为统治阶级的无产阶级手中，尽可能快地增加生产力总量，大力发展经济、文化和社会事业。需要指出的是，马克思、恩格斯认为，社会的生产资料所有制所具有的主要形式，应当与社会生产力发展水平相适应。

（2）对社会生产进行有计划的指导和调节，实行等量劳动领取等量产品的按劳分配原则。社会主义经济必须坚持社会主义生产有计划和按比例的内在统一性。

（3）合乎自然规律地改造自然和利用自然，追求人与自然的和谐。"我们每走一步都要记住：我们决不像征服者统治异族人那样支配自然界，决不像站在自然界之外的人似的去支配自然界——相反，我们连同我们的肉、血和头脑都是属于自然界和存在于自然界之中的。"①

（4）无产阶级革命是无产阶级进行斗争的最高形式，必须以建立无产阶级专政的国家为目的。无产阶级革命的根本问题是国家政权问题。夺取国家政权，这是无产阶级取得胜利的最根本的前提和首要标志。取得政权的无产阶级必须打碎资产阶级国家机器，建立无产阶级专政。

（5）无产阶级政党是无产阶级的先锋队，社会主义事业必须坚持无产阶级政党的领导。"无产阶级在反对有产阶级联合力量的斗争中，只有把自身组织成为与有产阶级建立的一切旧政党不同的、相对立的政党，才能作为一个阶级来行动。"② 无产阶级政党由无产阶级中的先进分子所组成；是以科学的理论武装起来的政党；无产阶级政党具有统一的纲领和严格的组织纪律。"我们

---

① 《马克思恩格斯文集》第 9 卷，人民出版社，2009，第 560 页。
② 《马克思恩格斯文集》第 3 卷，人民出版社，2009，第 228 页。

现在必须绝对保持党的纪律，否则将一事无成。"①

（6）通过无产阶级专政和社会主义高度发展，最终实现向消灭阶级、消灭剥削、实现人的全面而自由发展的共产主义社会的过渡。"在资本主义社会和共产主义社会之间，有一个从前者变为后者的革命转变时期。同这个时期相适应的也有一个政治上的过渡时期，这个时期的国家只能是无产阶级的革命专政。"② 这种专政本身不是目的，而是达到消灭一切阶级和进入无阶级社会的过渡。

2. 正确把握科学社会主义基本原则

（1）科学社会主义的基本原则指出了社会主义的发展方向和本质规定，任何时候都不能违背。科学社会主义的一般原理"是完全正确的……这些原理的实际运用，正如《宣言》中所说的，随时随地都要以当时的历史条件为转移"③。无产阶级政党必须始终坚持科学社会主义基本原则，坚决反对背离基本原则的错误倾向。背

---

① 《马克思恩格斯全集》第 29 卷，人民出版社，1972，第 413 页。
② 《马克思恩格斯文集》第 3 卷，人民出版社，2009，第 445 页。
③ 《马克思恩格斯文集》第 2 卷，人民出版社，2009，第 15 页。

离科学社会主义的基本原则，就背离了社会主义运动的目的和无产阶级政党的宗旨，就走向了邪路。

（2）科学社会主义的基本原则揭示了未来社会的发展过程、发展方向和一般特征，但它是一种科学预测和对社会发展趋势的分析，在实践中不能僵化地、教条式地对待它。无产阶级政党在坚持科学社会主义基本原则时，必须坚决反对教条主义。

（3）中国特色社会主义是科学社会主义理论逻辑与中国社会发展历史逻辑的辩证统一。它既坚持了科学社会主义基本原则，又根据时代要求和具体国情赋予其鲜明的中国特色，这是中国特色社会主义蓬勃发展的根本原因。习近平强调指出："中国特色社会主义是社会主义而不是其他什么主义，科学社会主义基本原则不能丢，丢了就不是社会主义。"①

（三）在实践中探索现实社会主义的发展规律

马克思、恩格斯创立科学社会主义学说，是以高度社会化的资本主义大生产作为社会主义革命的物质前提

---

① 《习近平谈治国理政》，外文出版社，2014，第22页。

的。但是，革命实践的发展超出了马克思、恩格斯当年的预期，社会主义革命首先在经济文化相对落后的俄国和中国以及其他国家相继取得胜利。经济文化相对落后的国家走向社会主义，具有历史的必然性，也具有社会主义建设的艰巨性。

1. 经济文化相对落后国家走向社会主义的必然性与建设社会主义的艰巨性

（1）经济文化相对落后的国家可以先于发达资本主义国家进入社会主义社会，是由革命的客观形势和主观条件所决定的，并不违背生产关系一定要适合生产力发展状况的规律。马克思、恩格斯揭示了社会发展的一般规律，但他们对不同国家的发展道路也是具体问题具体分析的。他们曾肯定俄国农村公社存在跨越资本主义"卡夫丁峡谷"而进入社会主义的可能。历史上社会形态的更替，也存在从薄弱的或不发达的地方开始的先例。

（2）率先进入社会主义的国家又会不可避免地遇到由于经济文化相对落后而产生的一系列严重的困难与问题，使这些国家的社会主义建设不能不具有艰巨性和长期性。一是受到生产力发展状况的制约。在相当长的历史时期内，社会主义国家在经济上落后于资本主义国家，完成工业化和生产社会化、商品化、现代化的任务，赶上和超过发达资本主义国家，无疑需要很长时间的努力。二是受到经济基础和上层建筑发展水平的制约。建立、巩固和完善社会主义经济基础，建设社会主义民主政治，建设社会主义先进文化，实现真正的社会公平和平等，同样需要长期艰苦的努力。三是国际环境的严峻挑战。国际资本主义以武力和"和平演变"的方式对社会主义的进攻，使社会主义面临严峻的国际形势。社会主义国家发展经济、提高综合国力的建设和发展将是长期艰巨的任务。四是马克思主义执政党对社会主义发展道路的探索和对社会主义建设规律的认识，需要一个长期的过程。

2. 社会主义发展道路的多样性

"一切民族都将走向社会主义，这是不可避免的，但是一切民族的走法却不会完全一样，在民主的这种或那种形式上，在无产阶级专政的这种或那种形态上，在社会生活各方面的社会主义改造的速度上，每个民族都会有自己的特点。"①

（1）社会主义发展道路的多样性是由国情的特殊性决定的。各个国家的生产力发展状况和社会发展阶段决定了社会主义发展道路具有不同的特点；历史文化传统的差异性是造成不同国家社会主义发展道路多样性的重要条件，时代和实践的不断发展是社会主义发展道路多样性的现实原因。

（2）既然社会主义发展道路具有多样性，那么无产阶级执政党必须努力探索适合本国国情的社会主义发展道路。探索社会主义发展道路，必须坚持马克思主义的科学态度，特别是坚持马克思主义关于研究未来社会制度的科学方法；必须从当时当地的历史条件出发，坚持"走自己的路"；必须充分吸收和借鉴人类社会创造的一切文明成果。

3. 社会主义发展的前进性与曲折性的统一

社会主义制度代替资本主义制度不可能一帆风顺、一蹴而就，而只能在斗争中曲折发展。"设想世界历史

---

① 《列宁专题文集：论社会主义》，人民出版社，2009，第398页。

会一帆风顺、按部就班地向前发展，不会有时出现大幅度的跃退，那是不辩证的，不科学的，在理论上是不正确的。"①

（1）社会主义在曲折中发展是由以下因素决定的：第一，社会主义作为新生事物，其成长不会一帆风顺。社会主义新社会在开始的时候总是比较弱小的，而且在一个相当长的时期里，社会主义和资本主义的矛盾和斗争是不会停止的。这就注定社会主义彻底战胜资本主义的过程是一个曲折的发展过程。第二，社会主义社会的基本矛盾推动社会发展是作为一个过程而展开的，人们对它的认识也有一个逐渐发展的过程。工人阶级及其政党对社会主义社会基本矛盾运动的规律和社会主义建设规律的认识需要一个过程。第三，经济全球化对于社会主义的发展既是机遇又是挑战。经济全球化是一把双刃剑，具有两重性的特点。它对社会主义国家的发展既有积极的作用，又不可避免地会带来负面的影响；社会主

---

① 《列宁专题文集：论辩证唯物主义和历史唯物主义》，人民出版社，2009，第263页。

义的发展既有难得的机遇，又面临严峻的挑战。社会主义国家参与国际交往，只能是一个把握机遇、趋利避害、因势利导、曲折前进的过程。

（2）社会主义的发展具有曲折性，这只是问题的一个方面，另一方面，社会主义在曲折中持续前进，则是任何力量都不能扭转的历史趋势。这是因为，社会主义制度能够从根本上克服生产资料的资本主义私有制对生产力发展的束缚，为生产力的发展提供广阔的前景；社会主义符合广大人民的利益和愿望，能够得到人民的拥护和支持；社会主义能够在改革中不断实现自我完善和发展。

（四）共产主义崇高理想

社会主义经过长期发展，在高度发达的基础上，最终将走向共产主义。共产主义不仅是科学的理论和这种理论指导下的现实的运动，而且是一种未来的社会制度和社会形态。实现共产主义是人类历史发展的必然趋势，是马克思主义最崇高的社会理想。

1. 马克思主义经典作家展望未来社会的科学立场和方法

是否坚持科学的立场、观点和方法是能否正确预见未来的基本前提，也是马克思主义与空想社会主义的根本区别。马克思主义经典作家站在科学的立场上，提出并自觉运用了预见未来社会的科学方法。

（1）在揭示人类社会发展规律的基础上指明社会发展的方向。马克思、恩格斯站在无产阶级立场上，运用科学的方法，致力于研究人类社会特别是资本主义社会，第一次揭示了人类社会发展的一般规律和资本主义社会发展的特殊规律，从而对共产主义社会作出了科学的展望。

（2）在剖析资本主义社会旧世界中阐发未来新世界的特点。马克思、恩格斯关于未来社会的预测，是在科学地批判和解剖资本主义社会的过程中作出的。"我们不想教条地预期未来，而只是想通过批判旧世界发现新世界。"① 马克思、恩格斯不是只看到资本主义社会的弊端，而是进一步揭示出弊端的根源，揭示出资本主义发展中自我否定的力量，发现资本主义的矛盾运动中孕育着的新社会因素，并以此作出对未来社会特点的预见。

---

① 《马克思恩格斯文集》第 10 卷，人民出版社，2009，第 7 页.

（3）立足于揭示未来社会的一般特征，而不作详尽的细节描绘。马克思、恩格斯在展望未来社会时，总是只限于指出未来社会发展的方向、原则和基本特征，而把具体情形留给后来的实践去回答。针对有人提出的在革命成功后应采取什么措施的问题，马克思指出，问题"提得不正确"。"现在提出这个问题是不着边际的……对这个问题的唯一的答复应当是对问题本身的批判。""在将来某个特定的时刻应该做些什么，应该马上做些什么，这当然完全取决于人们将不得不在其中活动的那个既定的历史环境。"① 恩格斯也指出："无论如何，共产主义社会中的人们自己会决定，是否应当为此采取某种措施，在什么时候，用什么办法，以及究竟是什么样的措施。我不认为自己有向他们提出这方面的建议和劝导的使命。那些人无论如何也会和我们一样聪明。"②

2. 共产主义社会的基本特征

马克思主义经典作家揭示了共产主义社会的基本特

---

① 《马克思恩格斯文集》第 10 卷，人民出版社，2009，第 458 页。
② 同上书，第 455~456 页。

征，主要有以下几个方面。

（1）物质财富极大丰富，消费资料按需分配。社会生产力高度发展，产品极大丰富，既是实现共产主义的必要条件，又是共产主义社会的一个重要特征。共产主义社会将适应高度发达的社会化大生产的需要，彻底废除私有制，实行普遍的生产资料公有制；与生产资料的社会占有相适应，按照自然资源情况和社会成员的需要，对生产进行有计划的组织和管理；个人消费品的分配方式是"各尽所能，按需分配"。"在共产主义社会高级阶段，在迫使个人奴隶般地服从分工的情形已经消失，从而脑力劳动和体力劳动的对立也随之消失之后；在劳动已经不仅仅是谋生的手段，而且本身成了生活的第一需要之后；在随着个人的全面发展，他们的生产力也增长起来，而集体财富的一切源泉都充分涌流之后，——只有在那个时候，才能完全超出资产阶级权利的狭隘眼界，社会才能在自己的旗帜上写上：各尽所能，按需分配！"①

---

① 《马克思恩格斯文集》第 3 卷，人民出版社，2009，第 435~436 页。

（2）社会关系高度和谐，人们精神境界极大提高。在共产主义社会，阶级和国家将会消亡，战争也不复存在。由于社会生产力的巨大发展，工业与农业的差别、城市与乡村的差别、脑力劳动与体力劳动的差别——"三大差别"归于消失。工业活动和农业活动、城市生活和乡村生活、脑力劳动和体力劳动在活动方式和环节等方面的差异只是社会生活多样性的表现，不再具有利益差别和利益划分的意义。在共产主义社会，不仅社会是和谐的，而且社会与自然之间也达成了和谐，人们以合乎自然发展规律的方式来改造自然和利用自然，人类文明与自然环境之间达到动态平衡与和谐。与社会生产力高度发达和社会关系高度和谐相联系，人们的精神境界得到极大提高。

（3）每个人自由而全面地发展，人类从必然王国向自由王国飞跃。实现人的自由而全面的发展，是马克思主义追求的根本价值目标，也是共产主义社会的根本特征。1894年1月3日，意大利人卡内帕给恩格斯写信，请求他为即将在日内瓦出版的《新纪元》周刊的创刊号题词，并要求尽量用简短的字句来表述未来的社会主义纪元的基本思想。恩格斯回答说，除了从《共产党宣言》中摘出下面一段话外，再也找不到合适的了。这就是："代替那存在着阶级和阶级对立的资产阶级旧社会的，将是这样一个联合体，在那里，每个人的自由发展是一切人的自由发展的条件。"① 在共产主义社会，人的发展是自由而全面的发展，是建立在个体高度自由自觉基础上的全面发展。那时，人摆脱了自然经济条件下对"人的依赖关系"，也摆脱了商品经济条件下对"物的依赖性"，实现了人的"自由个性"② 的发展。人的发展是全面的发展，不仅体力和智力得到发展，各方面的才能和工作能力得到发展，而且人的社会联系和社会交往也得到发展；是全体社会成员的发展，或每一个人的发展，而不是只有一部分人的发展。那时，在人与人之间形成事实上的平等，社会发展与个人发展实现了真正的统一，社会发展不再以牺牲某些个人的发展为代价。旧式分工的消除为人的自由而全面发展创造了条件；自由时间的延长为人的

---

① 《马克思恩格斯文集》第 2 卷，人民出版社，2009，第 53 页。
② 《马克思恩格斯文集》第 8 卷，人民出版社，2009，第 52 页。

自由而全面发展提供了广阔舞台；劳动从单纯的谋生手段转变为"生活的第一需要"，人类从支配他们生活和命运的异己力量中解放出来，实现从必然王国向自由王国的飞跃，开始自觉地创造自己的历史。

3. 共产主义社会是历史发展的必然趋势

（1）实现共产主义是历史发展的必然规律。首先，共产主义理想是能够实现的社会理想，它与一切空想和幻想有着本质的区别。共产主义理想并不神秘。我们不应沉溺于对未来共产主义理想的细节描绘，但完全可以根据对社会结构的认识，从生产力状况、生产关系状况、社会生活和精神生活等方面去把握共产主义社会的基本特征；完全可以根据历史规律和历史趋势对其轮廓和基本特征不断加深认识。其次，共产主义理想的实现是历史规律的必然要求。马克思主义不仅从社会形态交替规律上对共产主义理想实现的必然性作了一般性的历史观论证，而且通过对资本主义社会的具体剖析，作了具体实证的阐明。社会主义运动的实践，特别是社会主义国家的兴起和不断发展，已经并正在用事实证明共产主义理想实现的必然性。最后，共产主义是人类最伟大的事业。在共产主义的历史必然性中包含着无产阶级和广大人民群众对共产主义理想的追求，实现共产主义理想是广大人民群众的共同愿望，是工人阶级解放斗争的最终目标，它不仅是无产阶级彻底解放的标志，也是全人类得到解放的根本要求和体现。

（2）实现共产主义是一个长期的历史过程。共产主义一定要实现，共产主义一定能够实现，但共产主义的实现是一个很长的甚至是充满曲折的历史过程。马克思、恩格斯在《共产党宣言》中提出"资产阶级的灭亡和无产阶级的胜利是同样不可避免的"①，即"两个必然"，或"两个不可避免"。后来，马克思在《〈政治经济学批判〉序言》中又提出了"两个决不会"："无论哪一个社会形态，在它所能容纳的全部生产力发挥出来以前，是决不会灭亡的；而新的更高的生产关系，在它的物质存在条件在旧社会的胎胞里成熟以前，是决不会出现的。"②"两个必然"和"两个决不会"是对资本主

① 《马克思恩格斯文集》第 2 卷，人民出版社，2009，第 43 页。
② 同上书，第 592 页。

义灭亡和共产主义胜利的必然性以及这种必然性实现的时间和条件的全面论述。前者讲的是资本主义灭亡和共产主义胜利的客观必然性，是根本的方面；而后者讲的是这种必然性实现的时间和条件。

第二编　毛泽东思想和中国特色社会主义理论体系

中国共产党把马克思主义基本原理同中国具体实际相结合的进程，就是马克思主义中国化的历史进程。在这个过程中，形成了毛泽东思想和中国特色社会主义理论体系两大理论成果。这两大理论成果既一脉相承又与时俱进，是指引中国革命、建设和改革不断取得胜利的伟大思想武器和光辉科学指南。党的十八大以来，习近平总书记的系列重要讲话和治国理政新理念新思想新战略，是中国特色社会主义理论体系的最新成果。

一　马克思主义中国化及其历史进程

马克思主义是中国历史和中国人民的必然选择。中国共产党在领导中国革命、建设和改革的实践进程中，始终坚持把马克思主义基本原理同中国具体实际相结合，不断推进马克思主义中国化，推动中华民族走向复兴之路。

（一）中国历史和中国人民的必然选择

"理论在一个国家实现的程度，总是取决于理论满足这个国家的需要的程度。"[①] 五四运动后，马克思主义在中国的广泛传播，是中国历史进步的要求，是中国社会发展的必然选择，也是中国人民的自觉选择。

1. 中国历史进步的要求

1840 年鸦片战争后，随着外国资本主义的入侵，中国逐步沦为半殖民地半封建社会，帝国主义和中华民族的矛盾、封建主义和人民大众的矛盾，成为近代中国社会两大矛盾，而帝国主义与中华民族的矛盾则是其中最主要的矛盾。

先进的中国人不懈地探索国家民族的出路。"自从一八四〇年鸦片战争失败那时起，先进的中国人，经过千辛万苦，向西方国家寻找真理。洪秀全、康有为、严复和孙中山，代表了在中国共产党出世以前向西方寻找

---

① 《马克思恩格斯文集》第 1 卷，人民出版社，2009，第 12 页。

真理的一派人物。"① 太平天国农民革命、洋务运动、戊戌维新运动、辛亥革命相继失败，说明在半殖民地半封建社会的近代中国，农民阶级、地主阶级、资产阶级由于各自的阶级局限性和缺乏科学的理论指导而无法担负起挽救民族危亡的历史重任。历史呼唤先进的科学的理论，马克思主义在近代中国社会的传播成为历史的必然。

2. 中国社会发展的必然选择

马克思主义与中国"大同"社会理想等文化传统，特别是与近代以来中国人民寻求独立解放、富强富裕的历史任务契合，这为中国人民选择马克思主义提供了文化土壤。

近代中国所面临的现实以及中国人的"双重超越"理想为近代中国人民选择马克思主义提供了思想动因。近代以来，先进的中国人在向西方学习的过程中对资本主义的弊病有着愈益深刻的认识。既要唤醒"天朝迷梦"，又要超越资本主义，这"双重超越"的理想日益

① 《毛泽东选集》第4卷，人民出版社，1991，第1469页。

成为先进人物的共识。具有革命性和科学性相统一之理论品质的马克思主义成为先进中国人的必然选择。

工人阶级的成长壮大，为中国人民接受马克思主义提供了阶级基础。五四运动的爆发标志着中国工人阶级登上了历史舞台。一批具有救国救民理想而又具有共产主义觉悟的先进知识分子在积极投身于工人运动的同时宣传马克思主义，并实现了马克思主义与中国工人运动的结合，促成了中国共产党的诞生。

3. 中国人民的自觉选择

1917 年俄国爆发的十月社会主义革命，给予中国的先进分子以新的革命启示，推动他们把自己的目光从西方转向东方，从资产阶级民主主义转向社会主义。俄国和中国所具有的相似国情，十月革命的胜利，对中国先进分子产生了巨大的特殊的吸引力。于是，在十月革命以后，五四运动前后的中国思想界，产生了一批赞成俄国十月社会主义革命、具有初步共产主义思想觉悟的知识分子。在五四运动的推动下，马克思主义在中国传播开来。

中国的先进分子选择马克思主义，具有伟大的历史意义，对中国革命和中国社会发展产生了深远影响：
"自从中国人学会了马克思列宁主义以后，中国人在精神上就由被动转入主动。从这时起，近代世界历史上那种看不起中国人，看不起中国文化的时代应当完结了。"①

（二）马克思主义中国化的历史性飞跃

中国共产党从成立开始，就是一个以马克思列宁主义为指导思想的党。然而，找到了马克思列宁主义这个崭新的思想武器，并不意味着就能够自然而然地解决中国革命所面临的问题。马克思主义作为科学真理，具有普遍的指导意义，但是将这些普遍真理应用于中国革命和建设的具体实际却是一项极其艰苦的任务。

1. 马克思主义中国化的提出

中国共产党从建党时期就开始探索把马克思列宁主义同中国具体实际相结合。1938 年，在党的六届六中全会上，毛泽东最先提出了"马克思主义中国化"这个命题。他指出："没有抽象的马克思主义，只有具体的马

---

① 《毛泽东选集》第 4 卷，人民出版社，1991，第 1516 页。

克思主义。所谓具体的马克思主义，就是通过民族形式的马克思主义，就是把马克思主义应用到中国具体环境的具体斗争中去，而不是抽象地应用它。成为伟大中华民族之一部分而与这个民族血肉相连的共产党员，离开中国特点来谈马克思主义，只是抽象的空洞的马克思主义。因此，马克思主义的中国化，使之在其每一表现中带着中国的特性，即是说，按照中国的特点去应用它，成为全党亟待了解并亟须解决的问题。"①

实现马克思主义中国化，是解决中国问题的需要。马克思主义之所以能够在中国发挥指导作用，不仅是因为它是科学，而且是因为中国的社会条件有了这种需要，是因为它同中国人民的革命、建设和改革的实践发生了联系，实现了伟大结合，是因为它被中国人民掌握了。

2. 马克思主义中国化的历史进程

马克思主义中国化是一个历史过程，即马克思主义

---

① 《中共中央文件选集》第 11 册，中共中央党校出版社，1991，第 658～659 页。

的基本原理同中国的具体实际日益结合的过程。在一定意义上可以说，中国共产党的历史就是一部提出和探索马克思主义中国化，并在实践中不断推进马克思主义中国化的历史。

毛泽东思想的创立，第一次实现了马克思主义中国化。在毛泽东思想指引下，党领导全国各族人民，取得了新民主主义革命的胜利，建立了人民民主专政的中华人民共和国；顺利地进行了社会主义改造，确立了社会主义制度；发展了社会主义经济、政治和文化，初步探索了社会主义建设道路。

十一届三中全会以来，中国共产党在领导改革开放和社会主义现代化建设的过程中，不断推动马克思主义中国化的新发展，形成了包括邓小平理论、"三个代表"重要思想、科学发展观在内的中国特色社会主义理论体系。这是马克思主义同中国具体实际相结合的第二次历史性飞跃。在中国特色社会主义理论体系的指引下，我国不断推进中国特色社会主义建设和改革进程，国民经济持续快速健康发展，改革开放取得丰硕成果，人民生活总体上达到小康水平。

党的十八大以来，中国共产党统筹推进"五位一体"总体布局，协调推进"四个全面"战略布局，全力推进全面建成小康社会进程，不断把实现"两个一百年"奋斗目标推向前进。习近平总书记系列重要讲话精神和治国理政新理念新思想新战略，是中国特色社会主义理论体系的最新成果，是指导具有许多新的历史特点的伟大斗争的最鲜活的马克思主义。

二 毛泽东思想

以毛泽东为主要代表的中国共产党人把马克思列宁主义同中国革命和建设实际相结合，形成了马克思主义中国化的第一个理论成果——毛泽东思想。毛泽东思想是马克思列宁主义在中国的运用和发展，是被实践证明了的关于中国革命和建设的正确理论原则和经验总结，是中国共产党集体智慧的结晶。

毛泽东思想不是在个别方面，而是在许多方面以其独创性理论丰富和发展了马克思列宁主义，构成一个完整的科学思想体系。围绕着中国革命和建设这个主题，毛泽东思想提出了一系列相互关联的重要理论观点，构成了一个完整的科学思想体系。毛泽东思想的科学理论体系主要包括新民主主义革命理论、社会主义革命和社会主义建设理论、革命军队建设和军事战略的理论、政策和策略的理论、思想政治工作和文化工作的理论、党的建设理论等内容。

（一）新民主主义革命理论

从中国的历史状况和现实状况出发，毛泽东深刻分析了中国社会的特点和中国革命的规律，回答了中国革命是什么样的革命，怎样领导一场成功的革命等重大问题，创立了新民主主义革命理论。

1. 新民主主义革命的时代特征

新民主主义革命是新式的特殊的资产阶级民主主义革命，是在帝国主义和无产阶级革命时代，殖民地半殖民地国家中无产阶级领导的资产阶级民主革命。

近代中国的社会性质和主要矛盾，决定了中国革命仍然是资产阶级民主革命。以俄国十月革命的胜利为标志，中国的资产阶级民主革命，从原来属于旧的世界资产阶级民主主义革命的一部分，转变为属于世界无产阶级社会主义革命的一部分。以五四运动为开端，中国资产阶级民主革命进入新民主主义革命的崭新阶段。革命的领导阶级、指导理论等，从根本上都有别于旧式的资产阶级民主革命。它和历史上欧美各国的民主革命很不相同，不是要建立资产阶级的共和国，造成资产阶级的专政，而是要造成各革命阶级在无产阶级领导之下的联合专政，建立各革命阶级联合专政的民主共和国。它和一般意义上的社会主义革命也不相同，它只推翻帝国主义、封建主义和官僚资本主义的反动统治，而不破坏参加反帝反封建的资本主义成分。

2. 新民主主义革命的总路线

1939 年，毛泽东在《中国革命和中国共产党》一文中，首次提出了"新民主主义革命"的科学概念。1948 年，他在《在晋绥干部会议上的讲话》中完整地提出了新民主主义革命的总路线和总政策。新民主主义革命的总路线，就是"无产阶级领导的，人民大众的，反对帝国主义、封建主义和官僚资本主义的革命"。[1]

近代中国的社会性质和主要矛盾，决定了中国革命的主要敌人就是帝国主义、封建主义、官僚资本主义。

---

[1] 《毛泽东选集》第 4 卷，人民出版社，1991，第 1316 页。

革命的动力包括工人、农民、小资产阶级和民族资产阶级。无产阶级及其政党的领导，是中国革命取得胜利的根本保证。无产阶级的领导权是新民主主义革命理论的核心问题。这样的革命要分两步走：第一步是完成反帝反封建的民主主义革命任务，改变半殖民地半封建的社会形态，使中国成为一个独立的新民主主义国家；第二步是使革命向前发展，建立一个社会主义社会，完成社会主义革命任务。这是性质不同但又相互联系的两个革命过程。"民主主义革命是社会主义革命的必要准备，社会主义革命是民主主义革命的必然趋势。"①

3. 新民主主义的基本纲领

新民主主义的基本纲领是新民主主义革命总路线的进一步展开和体现，为新民主主义革命指明了具体奋斗目标。

新民主主义的政治纲领是：推翻帝国主义和封建主义的统治，建立一个无产阶级领导的，以工农联盟为基础的、各革命阶级联合专政的新民主主义共和国。新民

---

① 《毛泽东选集》第2卷，人民出版社，1991，第651页。

主主义的经济纲领是：没收封建地主阶级的土地归农民所有，没收官僚资产阶级的垄断资本归新民主主义的国家所有，保护民族工商业。新民主主义的文化，就是无产阶级领导的人民大众的反帝反封建的文化，即民族的科学的大众的文化。新民主主义的政治、经济和文化相结合，就是新民主主义的共和国。

4. 新民主主义革命的道路

在一个以农民为主体的半殖民地半封建的国家进行革命，应该选择什么样的道路，这是中国共产党在领导中国革命的过程中必须面对和回答的重大问题。中国共产党立足中国国情，走出了一条不同于俄国十月革命的道路，即农村包围城市、武装夺取政权的革命道路。

中国革命必须走农村包围城市、武装夺取政权的道路，是由中国的具体国情决定的。第一，近代中国是一个政治、经济、文化发展极不平衡的半殖民地半封建的大国。这是农村革命根据地能够在中国存在和发展的根本原因。第二，国民革命影响的存在。这为农村革命根据地的建立奠定了较好的群众基础。第三，全国革命形势的继续向前发展，是中国红色政权能够存在和发展的又一重要的客观条件。第四，相当力量正式红军的存在，党的领导及其正确的政策，则是红色政权能够存在和发展的主观原因和条件。后者是关键性的主观条件。

中国革命必须走农村包围城市、武装夺取政权的道路，必须处理好土地革命、武装斗争、农村革命根据地建设三者之间的关系。土地革命是民主革命的中心内容；武装斗争是中国革命的主要形式，是农村根据地建设和土地革命强有力的保证；农村革命根据地是中国革命的战略阵地，是进行武装斗争和开展土地革命的依托。要在中国共产党的领导下，实现土地革命、武装斗争、农村革命根据地建设三者的密切结合和有机统一。

5. 新民主主义革命的三大法宝

统一战线、武装斗争、党的建设是新民主主义革命的三大法宝，是新民主主义革命胜利的基本经验。"正确地理解了这三个问题及其相互关系，就等于正确地领导了全部中国革命。"[1] 统一战线和武装斗争是中国革命

---

[1] 《毛泽东选集》第 2 卷，人民出版社，1991，第 605 页。

的两个基本特点，是战胜敌人的两个基本武器。统一战线是实行武装斗争的统一战线，武装斗争是统一战线的中心支柱，党的组织则是掌握统一战线和武装斗争这两个武器以实行对敌冲锋陷阵的英勇战士。

（二）社会主义革命和社会主义建设理论

如何在中国这样一个经济文化落后的大国建立社会主义基本制度；在建立起社会主义基本制度后，中国自己的社会主义建设道路又该如何坚持和发展，这是新民主主义革命胜利后中国共产党人所必须解决的重大理论问题。毛泽东等中国共产党人科学地回答了上述问题，集中地阐述了社会主义革命理论，形成了社会主义建设的初步经验总结和理论概括。

1. 过渡时期总路线

中国必须走社会主义道路，新民主主义社会要过渡到社会主义社会，这是中国共产党早就明确了的奋斗方向。中国共产党认为："从中华人民共和国成立，到社会主义改造基本完成，这是一个过渡时期。党在这个过渡时期的总路线和总任务，是要在一个相当长的时期内，逐步实现国家的社会主义工业化，并逐步实现国家对农业、对手工业和对资本主义工商业的社会主义改造。"① 在 20 世纪 50 年代中期实现国家工业化道路的选择上，中国不可能选择资本主义道路，而是必须选择社会主义道路。社会主义改造，实质就是社会主义革命，就是在中国确立社会主义制度。

2. 社会主义改造道路和历史经验

以毛泽东为主要代表的中国共产党人根据马克思列宁主义关于农业社会主义改造的基本原理，从中国农村实际出发，开辟了一条适合中国情况的农业社会主义改造道路。这包括在土地改革完成后，党不失时机地引导农民走互助合作的道路，遵循自愿互利、典型示范和国家帮助的原则，坚持积极领导、稳步前进的方针，采取循序渐进的步骤。农业社会主义改造大体经历了互助组、初级社和高级社三个发展阶段。手工业的社会主义改造大体遵循了同样的方式方法。

中国共产党根据马克思、恩格斯和列宁关于和平方

---

① 《建国以来重要文献选编》第 4 册，中央文献出版社，1993，第 548 页。

式变革所有制的设想，结合中国的具体情况，提出了对资本主义工商业实行和平赎买的方针，采取从低级到高级的国家资本主义的过渡形式，创造性地开辟了一条适合中国情况的对资本主义工商业加以社会主义改造的道路。

社会主义改造，正如毛泽东所指出的那样："我们现在不但正在进行关于社会制度方面的由私有制到公有制的革命，而且正在进行技术方面的由手工业生产到大规模现代化机器生产的革命，而这两种革命是结合在一起的。"[1] 在一个几亿人口的大国中比较顺利地实行了如此复杂、困难和深刻的社会变革，不但没有造成生产力的破坏，反而促进了工农业和整个国民经济的发展；这样的变革没有引起巨大的社会动荡，反而极大地加强了人民的团结，并且是在人民普遍拥护的情况下完成的。这些情况说明，我国社会主义改造的基本完成的确是一个伟大的历史性胜利。

3. 社会主义建设道路的初步探索

社会主义基本制度确立后，以毛泽东为主要代表的

---

① 《毛泽东文集》第 6 卷，人民出版社，1999，第 432 页。

中国共产党人对社会主义建设道路进行了初步探索。1956年4月，毛泽东发表《论十大关系》的重要讲话。他说："最近苏联方面暴露了他们在建设社会主义过程中的一些缺点和错误，他们走过的弯路，你还想走？过去我们就是鉴于他们的经验教训，少走了一些弯路，现在当然更要引以为戒。"① 这正式提出了探索中国社会主义建设道路的任务。

在探索实践中，中国共产党提出了一系列具有战略意义的正确的思想原则和工作方针。其中包括：关于社会主义社会仍然存在着矛盾，社会主义社会的基本矛盾仍然是生产关系和生产力之间的矛盾、上层建筑和经济基础之间的矛盾，必须严格区分并正确处理敌我矛盾和人民内部矛盾的思想；调动一切积极因素为社会主义事业服务的思想；正确处理社会主义建设的重大关系的思想；坚定走中国工业化道路的思想。此外，关于社会主义发展阶段、关于社会主义现代化建设的战略目标和步骤、关于经济建设方针、关于所有制结构的调整、关于

---

① 《毛泽东文集》第7卷，人民出版社，1999，第23页。

经济体制和运行机制的改革、关于社会主义民主政治建设、关于教育科学文化工作和知识分子工作，都有一些重要的思想认识。它们丰富和发展了科学社会主义，成为中国特色社会主义理论体系的重要思想来源。党在社会主义建设道路的初步探索中所取得的重要理论成果，是毛泽东思想的重要组成部分。

（三）革命军队建设和军事战略的理论

武装斗争是中国革命的主要形式。关于革命军队建设和军事战略的理论，解决了在中国这样一个半殖民地半封建的大国，如何开展人民革命战争，应当实现什么样的战略战术、如何巩固国防等一系列重大方针问题。

在革命军队的建设上，这个理论规定了为人民服务是人民军队的唯一宗旨，党指挥枪的根本原则，制定了"三大纪律八项注意"，强调实行政治、经济、军事三大民主，实行官兵一致、军民一致和瓦解敌军的原则，提出和总结了一套军队政治工作的方针和方法，从而系统地解决了如何把以农民为主要成分的革命军队建设成为一支无产阶级性质的、同人民群众保持亲密联系的新型人民军队的问题。

在军事战略上，这个理论提出了以人民军队为骨干，依靠广大人民群众，建立农村根据地，进行人民战争的思想。它把游击战争提高到战略的地位，并论述了随着敌我力量对比的变化和战争发展进程而正确地实行军事战略转变的思想。毛泽东制定了在敌强我弱的形势下进行人民战争的正确的战略战术原则。新中国成立后，毛泽东提出必须加强国防、建设现代化革命武装力量和发展现代化国防技术等重要思想。这些重要思想解决了在中国这样一个半殖民地半封建的大国，如何开展人民革命战争、应当实现什么样的战略战术、如何巩固国防等一系列重大方针问题。

（四）思想政治工作和文化工作的理论

中国共产党是一个有着高度文化自觉的政党。毛泽东指出："掌握思想教育，是团结全党进行伟大政治斗争的中心环节。如果这个任务不解决，党的一切政治任务是不能完成的。"①

在长期的思想政治工作实践中，中国共产党形成了

---

① 《毛泽东选集》第3卷，人民出版社，1991，第1094页。

一整套行之有效的思想政治工作方法，其中坚持民主的说服教育的方法是最基本的方法。毛泽东指出："无产阶级的文学艺术是无产阶级整个革命事业的一部分。"①无论在新民主主义革命时期还是在社会主义建设时期，中国共产党都把文化战线作为整个无产阶级革命事业的重要组成部分。

根据马克思主义关于文化与经济、政治之间关系的基本观点，这个理论提出了许多具有长远意义的重要思想。例如，关于思想政治工作是经济工作和其他一切工作的生命线，要实行政治和经济的统一、政治和技术的统一、又红又专的方针；关于发展民族的、科学的、大众的文化，实行"百花齐放、百家争鸣"和"古为今用、洋为中用"、"推陈出新"的方针；关于知识分子在革命和建设中具有重要作用，知识分子要同工农相结合，树立无产阶级世界观的思想，等等。

（五）政策和策略的思想

在长期的革命斗争实践中，中国共产党人深刻认识

---

① 《毛泽东选集》第3卷，人民出版社，1991，第865页。

到政策和策略问题的极端重要性。毛泽东强调指出："政策和策略是党的生命。"① 政策和策略是革命政党一切实际行动的出发点和归宿。必须根据政治形势、阶级关系和实际情况及其变化，制定党的政策，把原则性和灵活性结合起来。

在对敌斗争和统一战线方面，这个理论提出了许多重要的政策和策略思想。其中主要有：无产阶级及其政党要实现自己对同盟者的领导所必须具备的两个条件；战略上藐视敌人，战术上重视敌人；对敌斗争要区别对待、分化瓦解，利用矛盾、争取多数、反对少数、各个击破，做到有理、有利、有节；在反动统治地区，要把合法斗争和非法斗争结合起来，等等。

在探索社会主义建设的时期，针对人民内部矛盾在具体实践中的不同情况，毛泽东提出了一系列具体方针、原则：团结 – 批评 – 团结的方针，统筹兼顾、适当安排的方针，民主集中制的原则，"百花齐放、百家争鸣"的方针，"长期共存、互相监督"的方针，民族平

---

① 《毛泽东选集》第 4 卷，人民出版社，1991，第 1298 页。

等、民族团结的方针，等等。

（六）党的建设的学说

这个学说成功地解决了在无产阶级人数很少而战斗力很强、农民和其他小资产阶级占人口大多数的国家，如何建设一个具有广泛群众性的、马克思主义政党的问题。

毛泽东把党的建设概括为一项伟大工程。这个学说特别重视从思想上建党，提出以无产阶级思想改造和克服各种非无产阶级思想；强调理论和实践相结合的作风、和人民群众紧密地联系在一起的作风，以及自我批评的作风，这是中国共产党区别于其他任何政党的显著标志；创造了全党通过批评与自我批评进行马克思主义思想教育的整风形式，强调在党内斗争中坚持"惩前毖后、治病救人"的正确方针，达到既弄清思想又团结同志的目的。新中国成立前夕和成立以后，中国共产党郑重地提出，要继续保持谦虚谨慎、戒骄戒躁、艰苦奋斗的作风，要警惕资产阶级的糖衣炮弹，反对脱离群众的官僚主义。

（七）毛泽东思想活的灵魂

贯穿于上述各个理论组成部分的立场、观点和方法，是毛泽东思想活的灵魂，它们有三个基本方面，即实事求是，群众路线，独立自主。

实事求是，就是一切从实际出发，理论联系实际，坚持在实践中检验真理和发展真理，是具有中国共产党人特色的马克思主义的立场、观点和方法。

群众路线，就是一切为了群众，一切依靠群众，从群众中来，到群众中去。它是党的生命线和根本工作路线。

独立自主是我们立党立国的重要原则。它要求我们坚持独立思考，坚定不移地维护民族独立、捍卫国家主权，不被各种形式的教条主义和经验主义所干扰。

毛泽东思想实现了马克思主义中国化的第一次历史性飞跃。毛泽东思想所确立的马克思主义中国化的奋斗方向、基本原则和基本方法，指导着党不断把马克思主义中国化的进程推向前进。毛泽东为实现这个任务进行了艰苦的探索，作出了卓越的贡献。

三　中国特色社会主义理论体系

中国特色社会主义理论体系是对马克思列宁主义、毛泽东思想的坚持和发展，是被实践证明了的关于在中国建设、巩固和发展社会主义的正确的理论原则和经验总结，也是中国共产党集体智慧的结晶。

党的十七大首次提出了中国特色社会主义理论体系这一科学命题，明确指出："中国特色社会主义理论体系，就是包括邓小平理论、'三个代表'重要思想以及科学发展观等重大战略思想在内的科学理论体系。"① 这一理论体系，凝结了几代中国共产党人带领人民不懈探索实践的智慧和心血。1997 年，党的十五大正式使用"邓小平理论"这一概念，并将其作为党的指导思想写入党章。邓小平理论是中国特色社会主义理论体系的开创之作。2002 年，党的十六大将"三个代表"重要思想写入党章。"三个代表"重要思想丰富和发展了中国特色社会主义理论体系，推进了党的建设新的伟大工程。2012 年，党的十八大将科学发展观确立为党必须长期坚持的指导思想并写入党章。科学发展观在新的历史起点上，坚持和发展了中国特色社会主义。

----

① 胡锦涛：《高举中国特色社会主义伟大旗帜 为夺取全面建设小康社会新胜利而奋斗——在中国共产党第十七次全国代表大会上的报告》，人民出版社，2007，第 11 页。

中国特色社会主义理论体系，围绕什么是社会主义、怎样建设社会主义，建设什么样的党、怎样建设党，实现什么样的发展、怎样发展等基本问题展开，在建设中国特色社会主义的思想路线、发展道路、发展阶段、发展战略、根本任务、发展动力、依靠力量、国际战略、领导力量和根本目的等问题上，提出了一系列紧密联系、相互贯通的思想理论观点，构成了一个科学的理论体系。

中国特色社会主义理论体系从整体上进一步深化和丰富了对共产党执政规律、社会主义建设规律、人类社会发展规律的认识，开拓了马克思主义中国化的新境界。在当代中国，坚持马克思主义，就必须坚持中国特色社会主义理论体系；坚持中国特色社会主义理论体系，就是真正坚持马克思主义。

（一）建设中国特色社会主义的总依据

建设中国特色社会主义，总依据是社会主义初级阶段。我国正处于并将长期处于社会主义初级阶段，这是当代中国的最大国情。

1. 社会主义初级阶段的科学内涵

党的十三大明确指出，社会主义初级阶段包括两层含义：第一，中国社会已经是社会主义社会。我们必须坚持而不能离开社会主义。第二，中国的社会主义社会还处在初级阶段。我们必须从这个实际出发，而不能超越这个阶段。这里所说的初级阶段，不是泛指任何国家进入社会主义都会经历的起始阶段，而是特指中国在生产力发展水平不高、商品经济不发达条件下建设社会主义必然要经历的特定历史阶段。社会主义初级阶段，是整个建设中国特色社会主义的很长历史过程中的初始阶段。

2. 社会主义初级阶段的长期性

从 1956 年生产资料私有制的社会主义改造基本完成算起，到 21 世纪中叶社会主义现代化的基本实现，社会主义初级阶段至少需要一百年的时间。邓小平曾指出："现在虽说我们也在搞社会主义，但事实上不够格。"[1] 所谓"不够格"，也就是不够马克思所讲的"共产主义低级阶段"即社会主义的资格。这种不够格，主要是在物质技术基础方面不够格，也表现在社会经济制

---

[1] 《邓小平文选》第 3 卷，人民出版社，1993，第 225 页。

度和上层建筑方面的不成熟不完善。这反映了中国现在所处的发展阶段同马克思主义创始人所设想的未来社会发展阶段之间在物质技术基础上存在很大的差距，以及由此而产生的社会主义发展程度方面的不够格。社会主义初级阶段的长期性，是由中国进入社会主义的历史条件和建成社会主义所需要的物质基础所决定的。

在近代中国的具体历史条件下，不承认中国人民可以不经过资本主义充分发展阶段而走上社会主义道路，是革命发展问题上的机械论，是右倾错误的重要认识根源；以为不经过生产力的巨大发展就可以越过社会主义初级阶段，是革命发展问题上的空想论，是"左"倾错误的重要认识根源。历史使我们超越了资本主义充分发展并占主要地位的历史阶段，但是，生产力和商品经济的充分发展却是无法逾越的。我们必须在社会主义条件下用一个很长的历史阶段，去实现别的国家在资本主义条件下实现的工业化和经济的市场化、社会化、现代化的任务，去发展社会主义应该拥有的发达的生产力基础。

3. 社会主义初级阶段基本路线

党的十三大在科学阐述社会主义初级阶段理论的同

时，正式提出了党在社会主义初级阶段的基本路线："领导和团结全国各族人民，以经济建设为中心，坚持四项基本原则，坚持改革开放，自力更生，艰苦创业，为把我国建设成为富强、民主、文明的社会主义现代化国家而奋斗。"① 党的十七大通过的党章把"和谐"与"富强、民主、文明"一起写入了基本路线。党的基本路线是党和国家的生命线，必须坚持把以经济建设为中心同四项基本原则、改革开放这两个基本点统一于中国特色社会主义伟大实践，这是改革开放以来"我们党最可宝贵的经验，是我们事业胜利前进最可靠的保证"。②

人民日益增长的物质文化需要同落后的社会生产之间的矛盾是社会主义初级阶段的主要矛盾。在整个社会主义初级阶段，中国的社会生产，无论是相对于充分体现社会主义优越性所需要的物质基础来说，还是相对于发达国家的生产力水平来说，都是比较落后的。在中国社会的主要矛盾中，生产力落后将长期是矛盾的主要方

---

① 《十三大以来重要文献选编》（中卷），人民出版社，1991，第617页。

② 《江泽民文选》第2卷，人民出版社，2006，第17页。

面。要彻底改变这种状况，就必须始终坚持以经济建设为中心，集中力量不断解放和发展生产力。

（二）建设中国特色社会主义的总任务

在推进改革开放和社会主义现代化建设的进程中，中国共产党提出了社会主义本质理论，进而提出了建设中国特色社会主义的总任务。

1. 社会主义本质理论

什么是社会主义、怎样建设社会主义？这是在建设中国特色社会主义进程中面对的首要的基本的理论问题。邓小平指出："社会主义是一个很好的名词，但是如果搞不好，不能正确理解，不能采取正确的政策，那就体现不出社会主义的本质。"① 在对社会主义优越性的反思中，邓小平指出，贫穷不是社会主义，发展太慢也不是社会主义；平均主义不是社会主义，两极分化也不是社会主义。1992 年初，邓小平在南方谈话中对社会主义本质问题作出了总结性的理论概括："社会主义的本质，是解放生产力，发展生产力，消灭剥削，消除两极

---

① 《邓小平文选》第 2 卷，人民出版社，1994，第 313 页。

分化，最终达到共同富裕。"① 这个理论，突出强调解放和发展生产力在社会主义发展中的重要地位；突出强调消灭剥削，消除两极分化，最终达到共同富裕的发展目标。

从我国社会主义的历史经验来看，过去对什么是社会主义的问题之所以没有完全搞清楚，之所以不完全清醒，一个重要的原因就是离开生产力水平抽象地谈论社会主义，片面强调公有制、按劳分配，以为只要不断改变生产关系，提高公有化程度，就能推动生产力的发展，在一个时期内甚至用"以阶级斗争为纲"取代发展生产力这个中心任务，使社会主义建设走了弯路。邓小平强调："只讲在社会主义条件下发展生产力，没有讲还要通过改革解放生产力，不完全。应该把解放生产力和发展生产力两个讲全了。"② 社会主义本质理论强调解放和发展生产力，纠正了忽视发展生产力的观念，从而把对社会主义的认识提高到了一个新的科学水平上。

---

① 《邓小平文选》第 3 卷，人民出版社，1993，第 373 页。
② 同上书，第 370 页。

邓小平强调："一个公有制占主体，一个共同富裕，这是我们所必须坚持的社会主义的根本原则。"[1] "社会主义有两个非常重要的方面，一是以公有制为主体，二是不搞两极分化。"[2] 我们发展生产力，创造的财富归人民所有，不允许出现两极分化。当然，消灭剥削，消除两极分化，最终达到共同富裕，是一个随着生产力的发展而逐步实现的历史过程。在中国的具体历史条件下，在社会生产力还没有得到充分发展以前，社会主义的优越性的体现，共同富裕的实现也将是一个具体的历史过程。

社会主义本质理论的提出，为我们寻找一种能够从更深层次认识社会主义，从而为中国的社会主义建设在改革开放中探索出一条发展更快，人民享受社会主义成果最大，能够充分体现社会主义优越性的道路，奠定了理论基础，开辟了广阔前景。

2. 社会主义的根本任务

邓小平指出："马克思主义最注重发展生产力。我

---

[1] 《邓小平文选》第 3 卷，人民出版社，1993，第 111 页。
[2] 同上书，第 138 页。

们讲社会主义是共产主义的初级阶段，共产主义的高级阶段要实行各尽所能、按需分配，这就要求社会生产力高度发展，社会物质财富极大丰富。所以社会主义阶段的最根本任务就是发展生产力。"① 高度发达的生产力是实现社会主义的物质基础，解放和发展生产力是中国特色社会主义的根本任务。

为了完成发展生产力这一根本任务，社会主义必须善于把制度优势和最先进的科学技术结合起来。马克思曾提出科学技术是生产力的一部分、生产力中包含科学的论断，强调科学技术是生产力和社会发展的强大动力。邓小平进一步强调："马克思说过，科学技术是生产力，事实证明这话讲得很对。依我看，科学技术是第一生产力。"② 为了大力发展科学技术，党中央从 20 世纪 90 年代以来，相继实施了科教兴国战略和人才强国战略。十八大以后，党又提出了创新驱动发展战略。

早在新民主主义革命时期，毛泽东就强调指出：

---

① 《邓小平文选》第 3 卷，人民出版社，1993，第 63 页。
② 同上书，第 274 页。

"中国一切政党的政策及其实践在中国人民中所表现的作用的好坏、大小，归根到底，看它对于中国人民的生产力的发展是否有帮助及其帮助之大小，看它是束缚生产力的，还是解放生产力的。"[1] 改革开放以来，中国共产党高度重视发展问题，将发展作为解决中国一切问题的关键。邓小平提出了"发展才是硬道理"的著名论断。江泽民强调，发展是党执政兴国的第一要务。胡锦涛提出了以人为本、全面协调可持续的科学发展观。在当代中国，坚持发展是硬道理的本质要求就是坚持科学发展。党的十八大强调了这一思想，强调坚持以人为本，坚持全面协调可持续，坚持统筹兼顾。

3. 中国特色社会主义的根本目标

实现社会主义现代化和中华民族伟大复兴，是建设中国特色社会主义的总任务。

实现现代化是近代以来中国人民梦寐以求的夙愿。新中国成立后，党曾提出在 20 世纪内，分两步把我国建设成为"四个现代化"的社会主义国家的构想。党的

---

[1] 《毛泽东选集》第3卷，人民出版社，1991，第1079页。

十一届三中全会后，党对我国的现代化建设问题进行了新的思考。1987年10月，党的十三大明确提出了中国现代化"三步走"的发展战略，提出到21世纪中叶，基本实现现代化。

1997年，在完成了"三步走"战略的第一步和第二步目标之后，党的十五大把"三步走"战略的第三步进一步具体化，提出了"两个一百年"的奋斗目标，这就是到建党100周年时，使国民经济更加发展，各项制度更加完善；到21世纪中叶新中国成立100周年时，基本实现现代化，建成富强民主文明的社会主义国家。

"三步走"战略将达到小康水平作为第二步的奋斗目标。到20世纪末，我国的国民生产总值比1980年翻了两番，人民生活总体达到了小康。这是中华民族发展史上的一个里程碑。2002年，党的十六大进一步提出全面建设小康社会的奋斗目标，要求大体用20年的时间，全面建设一个惠及十几亿人口的更高水平的小康社会。经过党的十六大以后的十年奋斗，2012年，根据国内外形势的新变化，党的十八大鲜明地提出了全面建成小康社会的历史任务，提出2020年实现国民生产总值和城乡居民人均收入比 2010 年翻一番。

（三）社会主义的改革开放理论

"我们要赶上时代，这是改革要达到的目的。"① 中国特色社会主义是改革开放的最重要的成果，改革开放是发展中国特色社会主义的必由之路。

1. 改革开放是一场新的伟大革命

在邓小平关于社会主义改革开放的理论中，其主要思想可以概括为：判断一种生产关系和生产力是否相适应，要从实际出发，具体问题具体分析，主要看它是否适应当时当地生产力的要求，能否推动生产力发展；社会主义社会的基本矛盾、主要矛盾和根本任务是统一的，它们要求必须把经济建设作为党和国家的工作重心，通过改革不断解放和发展生产力；过去只讲在社会主义条件下发展生产力，没有讲还要通过改革解放生产力，这是不完全的，革命是解放生产力，改革也是解放生产力。

邓小平指出："十一届三中全会决定进行改革，就

---

① 《邓小平文选》第 3 卷，人民出版社，1993，第 242 页。

是要选择好的政策。改革的性质同过去的革命一样，也是为了扫除发展社会生产力的障碍，使中国摆脱贫穷落后的状态。从这个意义上说，改革也可以叫革命性的变革。"① 这就把改革同我们党领导的新民主主义革命、社会主义革命联系起来，把改革理解成一场新的革命。

但是，改革作为一次革命，它不是一个阶级推翻另一个阶级那种意义上的革命，而是社会主义制度的自我完善、自我发展。邓小平始终强调改革的社会主义性质。他这样说："世界上对我国的经济改革有两种评论。有些评论家认为改革会使中国放弃社会主义，另一些评论家则认为中国不会放弃社会主义。后一种看法比较有眼光。"② 习近平多次强调，中国是一个大国，不能出现颠覆性错误。坚持改革的正确方向，既不走老路，也不走邪路，这是改革之所以能够顺利推进并取得历史性成就的根本原因。

在南方谈话中，邓小平明确地提出了"三个有利

---

① 《邓小平文选》第3卷，人民出版社，1993，第135页。
② 同上。

于"标准，即要以是否有利于发展社会主义社会的生产力、是否有利于增强社会主义国家的综合国力、是否有利于提高人民生活水平作为判断改革开放得失成败的标准。

2. 毫不动摇地坚持对外开放

对外开放是必须长期坚持的一项基本国策。把对外开放作为基本国策，最重要的依据，就是邓小平关于"现在的世界是开放的世界"和"中国的发展离不开世界"这两个重要观点。

30 多年来，中国已经形成了具有中国特色的对外开放。这包括：立足国情积极稳妥地推进对外开放；以开放带改革、以改革推开放，改革开放相互促进；统筹国内发展和对外开放；坚持互利共赢的开放战略。中国对外开放的大门打开就不会关上，不但不会关上，而且会在更大范围、更宽领域、更深层次上发展。20 世纪 80 年代以来，我们抓住了经济全球化和新科技革命的机遇，通过对外开放特别是通过加入世界贸易组织主动参与国际经济合作，综合国力上了一个大台阶。2013 年，中国提出建设"丝绸之路经济带"和"21 世纪海上丝绸之路"（简称"一带一路"）的重大倡议，是扩大和深化对外开放的重大举措。

3. 坚持走和平发展道路

新中国成立 60 多年来，特别是改革开放 30 多年来，中国成功地走上了一条与本国国情和时代特征相适应的和平发展道路。中国的和平发展道路，是一条统筹国内发展和对外开放的发展道路，是一条勇于参与经济全球化而又坚持广泛合作、互利共赢的发展道路。中国倡导建立合作共赢的新型国际关系，核心是维护《联合国宪章》的宗旨和原则，维护不干涉别国内政和尊重国家主权、独立、领土完整等国际关系基本准则，维护联合国及其安理会对世界和平承担的首要责任，开展对话和合作，而不是对抗；实行双赢和共赢，而不是单赢。中国走和平发展道路，将推动国际力量对比朝着相对均衡的方向发展，引导国际格局演变和国际体系变革。这条道路已经并将进一步显示出其世界意义。

（四）建设中国特色社会主义的总体布局

社会主义经济建设、政治建设、文化建设、社会建设和生态文明建设"五位一体"是建设中国特色社会主义的总体布局。它反映了中国共产党人对社会主义建设规律的认识水平，丰富了科学社会主义理论与实践。

1. 建设中国特色社会主义经济

建设中国特色社会主义经济，就是在社会主义条件下发展市场经济，不断解放和发展生产力，坚持和完善公有制为主体、多种所有制经济共同发展的基本经济制度，坚持和完善按劳分配为主体、多种分配方式并存的分配制度，坚持和完善对外开放，推动经济持续健康发展，保证人民共享改革和发展成果。

1992 年党的十四大确立了社会主义市场经济体制的改革目标，提出要使市场在国家宏观调控下对资源配置起基础性作用。2013 年，党的十八届三中全会明确提出，要使市场在资源配置中起决定性作用和更好地发挥政府作用。坚持社会主义制度与市场经济的结合，是社会主义市场经济的特色所在。邓小平指出："社会主义市场经济优越性在哪里？就在四个坚持。"① 江泽民也强

---

① 中共中央文献研究室编《邓小平年谱（1975—1997）》（下卷），中央文献出版社，2004，第 1363 页。

调："我们搞的是社会主义市场经济，'社会主义'这几个字是不能没有的，这并非多余，并非'画蛇添足'，而恰恰相反，这是'画龙点睛'。"[①]

公有制为主体、多种所有制经济共同发展，是我国社会主义初级阶段的基本经济制度。坚持和完善这一基本经济制度，必须毫不动摇地巩固和发展公有制经济，坚持公有制的主体地位，发挥国有经济的主导作用，不断增强国有经济的活力、控制力、影响力；必须毫不动摇地鼓励、支持和引导非公有制经济发展，激发非公有制经济活力和创造力。按劳分配为主体、多种分配方式并存是社会主义初级阶段的分配制度。必须健全劳动、资本、技术、管理等生产要素按贡献参与分配的制度。

2. 建设中国特色社会主义政治

建设中国特色社会主义政治，就是在中国共产党领导下，在人民当家作主的基础上，依法治国，发展社会主义民主政治，建设社会主义法治国家，实现社会安

---

① 《江泽民论有中国特色社会主义（专题摘编）》，中央文献出版社，2002，第69页。

定、政府廉洁高效、全国各族人民团结和睦、生动活泼的政治局面。

中国特色社会主义政治发展，关键是要坚持党的领导、人民当家作主、依法治国有机统一。人民当家作主是社会主义民主政治的本质和核心要求。依法治国是党领导人民治理国家的基本方略。中国特色社会主义民主是人民民主专政的国体和中国特色社会主义根本政治制度、基本政治制度的统一。人民代表大会制度是我国的根本政治制度。中国共产党领导的多党合作和政治协商制度、民族区域自治制度、基层群众自治制度是我国的基本政治制度。这是一套具有鲜明中国特色的制度安排。人民在党的领导下，依照宪法和法律治理国家，管理社会事务和经济文化事业，保障自己当家作主的各项民主权利，这是依法治国的实质。全面依法治国的总目标是建设中国特色社会主义法治体系，建设社会主义法治国家。

"和平统一、一国两制"的构想是充分尊重历史和现实、实现祖国完全统一的伟大理论。它最早是针对台湾问题提出来的。其基本内容包括：一个中国、两制并

存、高度自治、争取和平统一。一个中国原则，这是
"和平统一、一国两制"的核心，是发展两岸关系和实
现和平统一的基础。香港、澳门相继回归，使"一国两
制"由科学构想变为生动现实。习近平指出："继续推
进'一国两制事业'……必须把坚持一国原则和尊重两
制差异、维护中央权力和保障特别行政区高度自治权、
发挥祖国内地坚强后盾作用和提高港澳自身竞争力有机
结合起来，任何时候都不能偏废。"① 两岸统一是中华民
族走向伟大复兴的历史必然。两岸关系的和平发展，必
须坚持"九二共识"。

3. 建设中国特色社会主义文化

建设中国特色社会主义文化，就是以建设社会主义
核心价值体系为根本任务，以满足人民精神文化需求为
出发点和落脚点，发展面向现代化、面向世界、面向未
来的，民族的科学的大众的社会主义文化，努力建设社
会主义文化强国。

---

① 《习近平在庆祝澳门回归祖国 15 周年大会暨澳门特别行政区第四
届政府就职典礼上的讲话》，《人民日报》2014 年 12 月 21 日。

马克思主义指导思想、中国特色社会主义共同理想、以爱国主义为核心的民族精神和以改革创新为核心的时代精神、社会主义荣辱观，构成社会主义核心价值体系的基本内容。富强、民主、文明、和谐，自由、平等、公正、法治，爱国、敬业、诚信、友善，构成社会主义核心价值观的基本内容。社会主义核心价值体系和社会主义核心价值观是社会主义意识形态的本质体现，是中国特色社会主义道路、理论体系和制度的价值表达，是实现中华民族伟大复兴的中国梦的价值引领。相比于社会主义核心价值体系，社会主义核心价值观把涉及国家、公民、社会的价值要求融为一体，回答了我们要建设什么样的国家、什么样的社会、培育什么样的公民的重大问题。

建设社会主义文化强国，需要培养高度的文化自觉文化自信。文化自信，是更基础、更广泛、更深厚的自信。在5000多年文明发展中孕育的中华优秀传统文化，在党和人民伟大斗争中孕育的革命文化和社会主义先进文化，积淀着中华民族最深层的精神追求，代表着中华民族独特的精神标识。

4. 建设社会主义和谐社会

建设社会主义和谐社会，就是要按照民主法治、公平正义、诚信友爱、充满活力、安定有序、人与自然和谐相处的总要求和共同建设、共同享有的原则，以改善民生为重点，解决好人民最关心、最直接、最现实的利益问题，努力形成全体人民各尽其能、各得其所而又和谐相处的局面。

准确把握社会主义和谐社会的科学内涵，必须把握以下两个方面。一是要正确把握社会主义和谐社会的性质。社会主义和谐社会，不同于封建式的田园牧歌，也不是空想社会主义者的乌托邦，更不是现代资本主义式的福利社会。它也不同于未来的共产主义社会。它是马克思主义关于社会和谐的思想与当代中国实际相结合的产物，是迈向未来共产主义社会的一个阶梯。二是正确把握构建社会主义和谐社会与全面建成小康社会的关系。社会和谐是中国特色社会主义的本质属性。建设社会主义和谐社会，是中国特色社会主义的重大战略任务，是贯穿中国特色社会主义事业全过程的长期历史任务。构建社会主义和谐社会，既是全面建成小康社会的重要内容，也是全面建成小康社会的重要条件。在实现全面建成小康社会的宏伟目标之后，我们还要继续为构建更高目标的和谐社会长期奋斗。

党的十八大指出，加强社会建设，必须以保障和改善民生为重点，积极解决好教育、就业、收入分配、社会保障、医疗卫生和社会管理等直接关系人民群众根本利益和现实利益的问题。党的十八届三中全会进一步提出，要深化教育领域综合改革，健全促进就业创业的体制机制，形成合理有序的收入分配格局，建立更加公平可持续的社会保障制度，深化医药卫生体制改革，实现发展成果更多更公平惠及全体人民。

解决我国在社会管理领域存在的问题，必须深入认识新形势下社会治理的规律，创新社会治理体制机制。习近平指出："治理和管理一字之差，体现的是系统治理、依法治理、源头治理、综合施策。"①。加强社会治理，维护社会和谐的重要内容包括：必须改进社会治理

---

① 中共中央宣传部编《习近平总书记系列重要讲话读本》，学习出版社、人民出版社，2014，第116页。

方式，鼓励和支持社会力量参与社会治理、公共服务；必须正确处理政府和社会的关系，激发社会组织活力；必须创新有效预防和化解社会矛盾体制，健全以国家安全、食品药品安全、安全生产、防灾减灾救灾、社会治安防控为基本内容的公共安全体系建设；必须加强基层社会治理，社会治理的重心必须落实到城乡社区。社区服务和管理能力越强，社会治理的基础就越实。

5. 建设社会主义生态文明

建设社会主义生态文明，就是要实现和谐发展、全面发展、可持续发展和循环发展，就是要建设以资源环境承载力为基础、以自然规律为准则、以可持续发展为目标的资源节约型、环境友好型社会。

必须树立尊重自然、顺应自然、保护自然的生态文明理念。尊重自然，绝不凌驾于自然之上，是人与自然相处时应秉持的首要态度。顺应自然，按自然规律办事，是人与自然相处时应遵循的基本原则。保护自然，把人类活动控制在自然能够承载的限度之内，是人与自然相处时应承担的重要责任。

要正确处理好经济发展同生态环境保护的关系，牢固树立保护生态环境就是保护生产力、改善生态环境就是发展生产力的理念。必须坚持节约资源和保护环境的基本国策。把节约资源放在首位；坚持保护优先、自然恢复为主；着力推进绿色发展、循环发展、低碳发展；形成节约资源和保护环境的空间格局、产业结构、生产方式、生活方式。必须加强生态文明制度体系建设。要把生态文明建设融入经济建设、政治建设、文化建设、社会建设各方面和全过程。

（五）建设中国特色社会主义的依靠力量

在当代中国，一切赞成、支持和参加中国特色社会主义建设的阶级、阶层和社会力量，都属于人民的范畴，都是建设中国特色社会主义事业的依靠力量。全党和全社会都要坚持尊重劳动、尊重知识、尊重人才、尊重创造的重大方针，最广泛最充分地调动一切积极因素，不断推进中国特色社会主义事业向前发展。

工人、农民、知识分子是建设中国特色社会主义事业的根本力量。包括知识分子在内的工人阶级和农民阶级，始终是推动我国先进生产力、先进文化发展和社会全面进步的根本力量。工人阶级由于其在社会主义现代

化建设中的领导地位和高度集中统一等特点，成为国家
和社会稳定的强大社会力量。新的社会阶层是中国特色
社会主义事业的建设者。改革开放以来，我国出现了一
些新的社会阶层，归纳起来主要有：民营科技企业的创
业人员和技术人员、受聘于外资企业的管理技术人员、
个体户、私营企业主、中介组织从业人员、自由职业人
员等。新的社会阶层是在新时期社会变革中出现的，符
合社会主义初级阶段社会生产力发展的要求。

人民群众的积极性、主动性、创造性的充分发挥是
社会主义事业成功的根本保证。人民群众作为坚持和发
展中国特色社会主义的根本力量，是中国特色社会主义
的创造者，也应该成为中国特色社会主义发展成果的享
有者，这是中国特色社会主义发展的内在逻辑。一切为
了人民，是建设中国特色社会主义的根本目的。

（六）中国共产党是中国特色社会主义的领导核心

中国共产党是中国特色社会主义的领导核心，是社
会主义现代化建设的根本保证。中国共产党的领导是中
国特色社会主义最本质的特征。党的领导、党的建设是
经济建设和改革开放取得成功的根本保证。

　　坚持党的领导，就是要坚持党在建设中国特色社会主义事业中的领导核心地位。这包括，坚持党对国家大政方针和全局工作的政治领导，坚持党对军队的绝对领导，坚持党对人民民主专政的国家的领导，坚持党管干部和党管人才的原则，坚持党对意识形态领域的领导，坚持共产党领导的多党合作。这些都是坚持党的领导的根本原则。

　　要坚持党的领导，就必须不断加强和改善党的领导。这就必须进一步改革和完善党的领导方式和执政方式，充分发挥党总揽全局、协调各方的领导核心作用，正确处理党的领导和依法治国的关系，提高党的领导水平和执政能力，提高拒腐防变和抵御风险能力，更好地实现党对社会主义事业的领导。

　　必须清醒认识党面临的执政考验、改革开放考验、市场经济考验、外部环境考验，必须严肃正视党存在着的精神懈怠的危险、能力不足的危险、脱离群众的危险、消极腐败的危险，必须牢牢把握党的执政能力建设、先进性和纯洁性建设这条主线，全面提高党的建设科学化水平。

四　习近平治国理政新理念新思想新战略

党的十八大以来，以习近平同志为核心的党中央，在治国理政新的实践中，形成了一系列新理念新思想新战略，特别是"四个全面"战略布局，进一步丰富和发展了中国化的马克思主义，是中国特色社会主义理论体系的最新发展和最新成果。

（一）关于实现中华民族伟大复兴的中国梦

2012年11月29日，在参观"复兴之路"展览时，习近平郑重指出："实现中华民族伟大复兴，就是中华民族近代以来最伟大的梦想。这个梦想，凝聚了几代中国人的夙愿，体现了中华民族和中国人民的整体利益，是每一个中华儿女的共同期盼。"①

中国梦最核心的内容是国家富强、民族振兴、人民幸福。国家富强、民族振兴是人民幸福的基础和保障。人民幸福是国家富强、民族振兴的必然要求，是国家富强、民族振兴的根本出发点和落脚点。实现中国梦，意味着中国经济实力和综合国力、国际地位和国际影响力

---

① 《习近平谈治国理政》，外文出版社，2014，第36页。

大大提升，意味着中华民族以更加昂扬向上、文明开放的姿态屹立于世界民族之林，意味着中国人民过上更加幸福安康的生活。

实现中国梦必须坚持中国道路、弘扬中国精神，凝聚中国力量。走中国道路，就是走中国特色社会主义道路。中国特色社会主义道路是实现中国梦的根本途径。弘扬中国精神，就是弘扬以爱国主义为核心的民族精神和以改革创新为核心的时代精神。凝聚中国力量，就是全国各族人民大团结的力量。

中国共产党领导的新民主主义革命的胜利、新中国的成立和社会主义的建立，为中国梦的实现奠定了坚实的基础。改革开放以来，党领导全国各族人民坚持和发展中国特色社会主义，取得了举世瞩目的成就，中华民族伟大复兴展现出前所有的光明前景。习近平指出："现在，我们比历史上任何时期都更接近中华民族伟大复兴的目标，比历史上任何时期都更有信心、有能力实现这个目标。"①

---

① 《习近平谈治国理政》，外文出版社，2014，第35页。

（二）关于坚持和发展中国特色社会主义

只有社会主义才能救中国，只有中国特色社会主义才能发展中国。中国特色社会主义是历史的结论、人民的选择，是中国共产党和中国人民团结的旗帜、奋进的旗帜、胜利的旗帜。

中国特色社会主义是社会主义而不是其他什么主义。习近平指出："近些年来，国内外有些舆论提出中国现在搞的究竟还是不是社会主义的疑问，有人说是'资本社会主义'。还有人干脆说是'国家资本主义'、'新官僚资本主义'。这些都是完全错误的。"① 中国特色社会主义道路、中国特色社会主义理论体系、中国特色社会主义制度，这些都是在新的历史条件下体现科学社会主义基本原则的内容。如果丢掉了这些，那就不成其为社会主义了。在当代中国，坚持和发展中国特色社会主义，就是真正坚持社会主义。

"中国特色社会主义是由道路、理论体系、制度三

① 中共中央宣传部编《习近平总书记系列重要讲话读本》，学习出版社、人民出版社，2014，第 15 页。

位一体构成的。"① 中国特色社会主义道路是实现途径，中国特色社会主义理论体系是行动指南，中国特色社会主义制度是根本保障，三者统一于中国特色社会主义的伟大实践。这是中国特色社会主义的最鲜明特色。中国特色社会主义要在改革实践中不断发展完善。坚持中国特色社会主义，既不走封闭僵化的老路，也不走改旗易帜的邪路，必须全面贯彻执行党的基本路线，把以经济建设为中心同坚持四项基本原则、坚持改革开放这两个基本点统一于中国特色社会主义伟大实践，任何时候都不能有丝毫偏离和动摇。全党必须聚精会神抓好发展这个党执政兴国的第一要务。坚持四项基本原则，根本是坚持党的领导，坚持中国特色社会主义道路、中国特色社会主义理论体系、中国特色社会主义制度、中国特色社会主义文化。

习近平指出："中国特色社会主义是在改革开放历史新时期开创的，但也是在新中国已经建立起社会主义

---

① 《习近平谈治国理政》，外文出版社，2014，第 8 页。

基本制度、并进行了 20 多年建设的基础上开创的。"①
虽然这两个历史时期在进行社会主义建设的思想指导、
方针政策、实际工作上有很大差别，但两者绝不是彼此
割裂的，更不是根本对立的。党在社会主义建设实践中
提出了许多正确主张，当时没有真正落实，改革开放后
得到了真正贯彻，将来也还是要坚持和发展的。不能用
改革开放后的历史时期否定改革开放前的历史时期，也
不能用改革开放前的历史时期否定改革开放后的历史时
期。改革开放前的社会主义实践探索为改革开放后的社
会主义实践探索准备了条件，改革开放后的社会主义实
践探索是对前一个时期的坚持、改革、发展。

　　要在深入把握中国特色社会主义科学性和真理性的
基础上，坚定道路自信、理论自信、制度自信和文化自
信，继续把中国特色社会主义这篇大文章写下去。

　　（三）关于协调推进"四个全面"战略布局

　　"四个全面"战略布局，就是全面建设小康社会、
全面深化改革、全面依法治国、全面从严治党。全面深

---

　　①　《习近平谈治国理政》，外文出版社，2014，第 22 页。

化改革、全面依法治国、全面从严治党是三大战略举措，为全面建成小康社会提供重要保障。习近平强调："全面深化改革、全面依法治国、全面从严治党是三大战略举措，对实现全面建成小康社会战略目标一个都不能缺。"①

"四个全面"战略布局，创造性地把全面建成小康社会这一奋斗目标、全面深化改革这一发展动力、全面依法治国这一重要保障、全面从严治党这一根本保证，有机联系、科学统筹起来，为坚持和发展中国特色社会主义注入了新的时代内涵、提出了新的更高的要求，集中体现了中国共产党人的全局视野和战略眼光。习近平强调："我们立足中国发展实际，坚持问题导向，逐步形成并积极推进全面建成小康社会、全面深化改革、全面依法治国、全面从严治党的战略布局。这是中国在新的历史条件下治国理政方略，也是实现中华民族伟大复兴中国梦的重要保障。"②

---

① 《十八大以来重要文献选编》（中册），中央文献出版社，2016，第 248 页。

② 同上书，第 249～250 页。

1. 全面建成小康社会

全面建成小康社会是重大战略目标，在"四个全面"战略布局中居于引领地位。全面建成小康社会，是我们党确定的第一个百年奋斗目标，也是实现中华民族伟大复兴的关键一步。必须始终坚持以经济建设为中心，致力于建设改革发展成果真正惠及人民，经济、政治、文化、社会、生态文明全面发展的小康社会，为实现第二个百年奋斗目标，为实现中华民族伟大复兴奠定更加坚实的基础。

全面建成小康社会，更重要、更难做的是"全面"。"小康"讲的是发展水平，"全面"讲的是发展的平衡性、协调性、可持续性。必须准确把握全面建成小康社会新的目标要求。经济保持中高速增长、创新驱动成效显著、发展协调性明显增强、人民生活水平和质量普遍提高、国民素质和社会文明程度显著提高、生态环境质量总体改善、各方面制度更加成熟更加定型，这些新的目标要求，与党的十六大以来提出的全面建设小康社会的奋斗目标要求相衔接，与中国特色社会主义事业总体布局相一致，进一步明确了全面建成小康社会的基本内涵。习近平强调："如果到二〇二〇年我们在总量和速度上完成了目标，但发展不平衡、不协调、不可持续问题更加严重，短板更加突出，就算不上真正实现了目标，即使最后宣布实现了，也无法得到人民群众和国际社会认可。"①

全面小康，覆盖的领域要全面，是五位一体全面进步的小康。要在坚持以经济建设为中心的同时，全面推进经济建设、政治建设、文化建设、社会建设、生态文明建设，促进现代化建设各个环节、各个方面协调发展。全面小康，覆盖的人口要全面，是惠及全体人民的小康。没有全民小康，就没有全面小康。发展不全面的问题在很大程度上表现在不同社会群体的民生保障方面。要持续加大保障和改善民生力度，不断提高人民生活水平，实现全体人民共同迈入全面小康社会。全面小康，覆盖的区域要全面，是城乡区域共同发展的小康。没有农村的全面小康和欠发达地区的全面小康，就没有

① 《十八大以来重要文献选编》（中册），中央文献出版社，2016，第 830～831 页。

全国的全面小康。要加大统筹城乡发展、统筹区域发展的力度，推进城乡发展一体化，把努力缩小城乡区域发展差距，作为全面建成小康社会的一项重要任务。

我国经济社会发展中存在的一些突出问题，是影响如期实现全面建成小康社会目标的重要因素。要通过转变发展方式来解决发展质量和效益问题，通过补短板来解决发展不平衡问题。坚持发展是硬道理的战略思想不动摇，坚持科学发展，提高发展的协调性和平衡性。要把防风险摆在突出位置，着力增强风险防控意识和能力，力争不出现重大风险或在出现重大风险时有办法化解，要维护和用好我国发展的重要战略机遇期，保证全面建成小康社会进程的连续性和安全性。

2020 年如期全面建成小康社会，无论在中华民族发展史上，还是在世界发展史上、在社会主义发展史上，都具有极为重大的意义。全面建成小康社会目标实现之时，中国经济总量将达到近 17 万亿美元，中国人民将在全面解决温饱问题的基础上，普遍过上比较殷实的生活。这将是中国历史上亘古未有的伟大跨越，也是中国对人类社会的伟大贡献。

2. 全面深化改革

全面深化改革，着眼于解决我们面临的深层次矛盾和体制机制弊端，是增强中国特色社会主义生机活力、推动事业发展的强大动力。

坚持把完善和发展中国特色社会主义制度、推进国家治理体系和治理能力现代化作为全面深化改革的总目标。总目标是两句话构成的一个整体。前一句，规定了根本方向，这个方向就是中国特色社会主义道路，而不是其他什么道路；后一句，规定了在根本方向指引下完善和发展中国特色社会主义制度的鲜明指向。两句话都讲，才是完整的。我们的改革是有方向、有力度、有原则的，是在中国特色社会主义道路上不断前进的改革，而不是对社会主义制度的改弦更张。在这个问题上头脑必须十分清醒。习近平强调："问题的实质是改什么、不改什么，有些不能改的，再过多长时间也是不改。"①绝不能在根本性问题上出现颠覆性错误。推进国家治理

① 中共中央宣传部编《习近平总书记系列重要讲话读本》，学习出版社、人民出版社，2014，第56页。

体系和治理能力现代化，就是要使各方面制度更加科学、更加完善，实现党和国家、社会各项事务治理的制度化、规范化、程序化，善于运用制度和法律治理国家，提高党科学执政、民主执政、依法执政水平。

坚持进一步解放思想、进一步解放和发展社会生产力、进一步解放和增强社会活力。这"三个进一步解放"，既是改革的目的，又是改革的条件。解放思想是前提，是解放和发展社会生产力、解放和增强社会活力的"总开关"；解放和发展社会生产力、解放和增强社会活力，是解放思想的必然结果，也是解放思想的重要基础；解放和发展社会生产力是最根本最紧迫的任务，解放思想、解放和增强社会活力，是为了更好地解放和发展社会生产力。要通过不断改革创新，使中国特色社会主义在解放和发展社会生产力、解放和增强社会活力、促进人的全面发展上更有效率，更能充分体现中国特色社会主义制度的优越性。

坚持社会主义市场经济的改革方向，不仅是我国经济体制改革的基本遵循，也是全面深化改革的重要依托。要使各方面体制改革朝着这一方向协同前进，同时也使各方面自身相关环节更好适应社会主义市场经济发展提出的新要求。

习近平指出："要科学统筹各项改革任务，协调抓好党的十八届三中、四中全会改革举措，在法治下推进改革、在改革中完善法治，突出重点，对准焦距，找准穴位，击中要害，推出一批能叫得响、立得住、群众认可的硬招实招，处理好改革'最先一公里'和'最后一公里'的关系，突破'中梗阻'，防止不作为，把改革方案的含金量充分展示出来，让人民群众有更多获得感。"① 在整个社会主义现代化进程中，我们都要高举改革开放的旗帜，绝不能有丝毫动摇。要不断探索改革的内在规律，重点把握和处理好全面深化改革的几个重大关系。十八大以来，中国共产党先后提出，要把握和处理好全面深化改革的几个重大关系，包括处理好解放思想和实事求是的关系、整体推进和重点突破的关系、全局和局部的关系、顶层设计和摸着石头过河的关系、改

---

① 《习近平主持召开中央全面深化改革领导小组第十次会议强调：科学统筹突出重点对准焦距，让人民对改革有更多获得感》，《人民日报》2015年2月28日。

革发展稳定的关系，等等。

3. 全面依法治国

全面依法治国，着眼于促进国家生活和社会生活的法治化制度化规范化，是实现党和国家长治久安的重要保障。

在坚持和拓展中国特色社会主义法治道路这个根本问题上，我们要树立自信，保持定力。必须坚持中国共产党的领导，党的领导是社会主义法治最根本的保证。必须坚持人民主体地位，要保证人民在党的领导下，依照法律规定，通过各种途径和形式管理国家事务，管理经济和文化事业，管理社会事务。必须坚持法律面前人人平等，任何组织和个人，都必须尊重宪法法律权威，都必须在宪法法律范围内活动，都不得有超越宪法法律的特权。必须坚持依法治国和以德治国相结合，必须一手抓法治、一手抓德治，实现法治和德治相得益彰。

全面依法治国，总目标是建设中国特色社会主义法治体系，建设社会主义法治国家。建设中国特色社会主义法治体系，首要的是完善以宪法为核心的中国特色社会主义法律体系。坚持依法治国首先要坚持依宪治国。

坚持依宪治国，就是要坚持宪法确定的中国共产党领导地位不动摇，坚持宪法确定的人民民主专政和人民代表大会制度不动摇。必须明确，我们坚持的依宪治国，与西方所谓的"宪政"本质上是不同的，不能用所谓"宪政"架空中国共产党的领导。必须进一步健全法治保障体系，必须加强党内法规制度建设。

4. 全面从严治党

全面从严治党，着眼于保持党的先进性和纯洁性，锻造中国特色社会主义事业坚强领导核心，为全面建成小康社会、全面深化改革、全面依法治国提供根本保证。

党的十八届六中全会对从严治党提出了明确要求。全会指出，当前，我们正在进行具有许多新的历史特点的伟大斗争，党肩负着历史重任，经受着时代考验。管党治党一刻也不能松懈，要坚持思想建党和制度建党相结合，把从严治党落到实处；要把纪律建设摆在更加突出的位置，把纪律和规矩挺在前面，用铁的纪律维护党的团结和统一。这个理论强调，必须以党章为根本遵循，坚持党的政治路线、思想路线、组织路线、群众路线，着力增强党内政治生活的政治性、时代性、原则性、战斗性，着力增强党自我净化、自我完善、自我革新、自我提高能力，着力提高党的领导水平和执政水平、增强拒腐防变和抵御风险能力，着力维护党中央权威、保证党的团结统一、保持党的先进性和纯洁性，努力在全党形成又有集中又有民主、又有纪律又有自由、又有统一意志又有个人心情舒畅生动活泼的政治局面。

（四）关于树立"五大发展"理念

面对全面建成小康社会决胜阶段复杂的国内外形势，面对当前经济社会发展新趋势新机遇和新矛盾新挑战，党的十八届五中全会坚持以人民为中心的发展思想，鲜明提出了创新、协调、开放、绿色、共享的发展理念，指明了"十三五"乃至更长时期我国的发展思路、发展方向和发展的着力点。

创新是引领发展的第一动力。抓住了创新，就抓住了牵动经济社会发展全局的"牛鼻子"。对我国这么大体量的经济体来讲，如果动力问题解决不好，要实现经济持续健康发展和"两个翻番"是难以做到的。树立创新发展理念，就必须把创新摆在国家发展全局的核心位置，不断推进理论创新、制度创新、科技创新、文化创新等各方面创新，让创新贯穿党和国家一切工作，让创新在全社会蔚然成风。

协调是持续健康发展的内在要求。新形势下，协调既是发展手段又是发展目标，同时还是发展的标准和尺度。协调发展不是搞平均主义，而是更注意发展机会公平、更注重资源配置均衡。树立协调发展理念，就必须牢牢把握中国特色社会主义事业总体布局，正确处理发展中的重大关系，重点促进城乡区域协调发展，促进经济社会协调发展，促进新型工业化、信息化、城镇化和农业现代化同步发展，不断增强发展整体性。

绿色是永续发展的必要条件和人民对美好生活追求的重要体现。绿色发展，就是要解决好人与自然和谐共生问题。树立绿色发展理念，就必须坚持节约资源和保护资源的国策，坚持可持续发展要，坚定走生产发展、生活富裕、生态良好的文明发展道路，加快建设资源节约型、环境友好型社会，形成人与自然和谐发展现代化建设新格局。

开放是国家繁荣发展的必由之路。树立开放发展理念，就必须顺应我国经济深度融入世界经济的趋势，奉行互利共赢的开放战略，坚持内外需协调、进出口平衡、引进来和走出去并重、引资和引技引智并举，发展更高层次的开放型经济，提高我国在全球经济治理中的制度性话语权。

共享是中国特色社会主义的本质要求。共享发展理念，其内涵主要有四个方面。一是全民共享，不是少数人共享，一部分人共享；二是全面共享，就是共享国家经济、政治、文化、社会、生态文明各方面建设成果，全面保障人民在各方面的合法权益。三是共建共享；四是渐进共享。树立共享发展理念，就必须坚持发展为了人民、发展依靠人民、发展的成果由人民共享，并作出更有效的制度安排，使全体人民有更多获得感。

经过30多年的努力，我国经济发展已进入了新常态。认识新常态，适应新常态，引领新常态，是当前和今后一个时期我国经济发展的大逻辑；要坚定不移地走中国特色社会主义政治发展道路，充分发挥我国社会主义政治制度优越性；要牢牢把握意识形态工作的领导权和话语权，用社会主义核心价值观凝心聚力；要抓住人民最关心最直接最现实的利益问题，做好保障和改善民生的工作，构建全民共建共享的社会治理格局；要像对待生命一样对待生态环境，把不损害生态环境作为发展的底线。

此外，围绕国防和军队建设、建立新型国际关系和我国的外交战略、贯彻"一国两制"推进祖国统一大业等，党的十八大以来，以习近平为核心的中国共产党人都作出了新论述新思考，为我们在具有许多新的历史特点的伟大斗争实践中提供了科学指南和基本遵循。

编后记

习近平总书记强调："领导干部特别是高级干部要把系统掌握马克思主义基本理论作为看家本领。""只有学懂了马克思列宁主义、毛泽东思想、邓小平理论、三个代表重要思想、科学发展观，特别是领会了贯穿其中的马克思主义立场、观点、方法，才能心明眼亮，才能深刻认识和准确把握共产党执政规律、社会主义建设规律、人类社会发展规律，才能始终坚定理想信念，才能在纷繁复杂的形势下坚持科学指导思想和正确前进方向，才能带领人民走对路，才能把中国特色社会主义不断推向前进。"

高校建设的根本目标是办好中国特色社会主义大学；高校肩负的重大任务是学习研究宣传马克思主义、培养中国特色社会主义事业建设者和接班人；办好中国特色社会主义大学的根本保证是加强党对高校的领导，加强和改进高校党的建设。高校党员尤其是党员领导干部在建设中国特色社会主义大学的过程中肩负着重要的领导责任。为了帮助党员尤其是党员领导干部更系统地学习马克思主义基本理论，我们组织编写了这本《马克思主义理论简明读本》。全书由党委宣传部统筹安排，具体由朱喆、王能东教授组织编写。

2017 年 7 月 28 日

图书在版编目（CIP）数据

马克思主义理论简明读本／武汉理工大学马克思主
义学院编. -- 北京：社会科学文献出版社，2017.9
　ISBN 978 - 7 - 5201 - 1462 - 2

　Ⅰ.①马… Ⅱ.①武… Ⅲ.①马克思主义理论 - 理论
研究 Ⅳ.①A81

中国版本图书馆 CIP 数据核字（2017）第 240088 号

马克思主义理论简明读本

编　　者／武汉理工大学马克思主义学院

出 版 人／谢寿光
项目统筹／曹义恒
责任编辑／曹义恒

出　　版／社会科学文献出版社·社会政法分社（010）59367156
　　　　　　地址：北京市北三环中路甲 29 号院华龙大厦　邮编：100029
　　　　　　网址：www.ssap.com.cn
发　　行／市场营销中心（010）59367081　59367018
印　　装／三河市尚艺印装有限公司

规　　格／开 本：889mm × 1194mm　1/32
　　　　　　印 张：5.375　字 数：82 千字
版　　次／2017 年 9 月第 1 版　2017 年 9 月第 1 次印刷
书　　号／ISBN 978 - 7 - 5201 - 1462 - 2
定　　价／20.00 元

本书如有印装质量问题，请与读者服务中心（010 - 59367028）联系